COLEÇÃO ROSA DOS VENTOS

1. UMA FAMÍLIA DO BAIRRO CHINÊS — Lin Yutang
2. REFÚGIO TRANQÜILO — Pearl S. Buck
3. O DIABO E A COROA DO DRAGÃO (Lady Wu) — Lin Yutang
4. JUDAS, O OBSCURO — Thomas Hardy
5. NÃO É TÃO FÁCIL VIVER — Christine Arnothy
6. A MODIFICAÇÃO — Michel Butor
7. TANGUY (A História de um menino de hoje) — Michel del Castillo
8. CASA DE CHÁ DO LUAR DE AGOSTO — Vern Sneider
9. CAMÉLIA AZUL — Frances Parkinson Keyes
10. A SEDE — Assia Djebar
11. OS CAMPOS TORNARAM-SE VERDES — Frances Parkinson Keyes
12. DEUS ESTÁ ATRASADO — Christine Arnothy
13. AO LONGO DE UM RIO — Frances Parkinson Keyes
14. ALÉM DO RIO — Frances Parkinson Keyes
15. QUANDO O VALE FLORIR OUTRA VEZ — Frances Parkinson Keyes
16. PALÁCIO DE GELO — Edna Ferber
17. MORTE NA FAMÍLIA — James Agee
18. TESS (Tess of the D´Ubervilles) — Thomas Hardy
19. A LUZ DA ILUSÃO — Frances Parkinson Keyes
20. O ELO DISTENSO — Daphne Du Maurier
21. O DOUTOR JIVAGO — Boris Pasternak
22. OS JARDINS DE SALOMÃO — Frances Parkinson Keyes
23. AS SEMENTES E AS COLHEITAS — Henry Troyat
24. O CORAÇÃO DA MATÉRIA — Graham Greene
25. A ALDEIA ANCESTRAL — Pearl S. Buck
26. O CAMAROTE REAL — Frances Parkinson Keyes
27. DOCE QUINTA-FEIRA — John Steinbeck
28. ATÉ QUE TUDO ACABOU — James Hilton
29. A FESTA — Margaret Kennedy
30. OITO RUMO À ETERNIDADE — Cecil Roberts
31. O REINO DE CAMPBELL — Frank Tilsley
34. MARY ANNE — Daphne du Maurier
35. OS INSACIÁVEIS — Janet Taylor Caldwel
36. A LESTE DO ÉDEN — John Steinbeck
37. JANTAR NO ANTOINES — Frances Parkinson Keyes
38. RUA DA ALEGRIA — Frances Parkinson Keyes
39. GIGANTE — Edna Ferber
40. OS PARASITAS — Daphne du Maurier
41. A ÚLTIMA FOLHA — O. Henry
43. PALÁCIO FLUTUANTE — Frances Parkinson Keyes
44. O CORAÇÃO DAS TREVAS — Joseph Conrad
45. ... E O VENTO LEVOU — Margaret Mitchell
46. TEMPOS PASSADOS — John Steinbeck
47. UMA AVENTURA NA MARTINICA — Ernest Hemingway

UMA AVENTURA NA MARTINICA

COLEÇÃO ROSA DOS VENTOS

Dirigida por Oscar Mendes
Até o Vol. 44

47

Tradução
CARLOS BITTENCOURT

Capa
CLÁUDIO MARTINS

EDITORA ITATIAIA
BELO HORIZONTE
Rua São Geraldo, 67 - Floresta - Cep.30150-070
Tel. (31) 3212-4600 - Fax.: (31) 3224-5151

Ernest Hemingway

UMA AVENTURA NA MARTINICA

ROMANCE

EDITORA ITATIAIA
Belo Horizonte

Título original
THE CUP OF GOLD

2003

Direitos de Propriedade Literária adquiridos pela
EDITORA ITATIAIA
Belo Horizonte

Impresso no Brasil
Printed in Brazil

ÍNDICE

Capítulo I	9
Capítulo II	30
Capítulo III	39
Capítulo IV	43
Capítulo V	53
Capítulo VI	57
Capítulo VII	64
Capítulo VIII	71
Capítulo IX	73
Capítulo X	84
Capítulo XI	86
Capítulo XII	89
Capítulo XIII	93
Capítulo XIV	98
Capítulo XV	101
Capítulo XVI	112
Capítulo XVII	115
Capítulo XVIII	118
Capítulo XIX	138
Capítulo XX	140
Capítulo XXI	143
Capítulo XXII	151
Capítulo XVIII	175
Capítulo XXIV	178
Capítulo XXV	195
Capítulo XXVI	203

Primeira Parte

HARRY MORGAN

(PRIMAVERA)

Capítulo I

Sabem como é de manhã bem cedo em Havana, com os bêbados ainda dormindo encostados às paredes dos prédios, antes mesmo de chegarem os carros de gelo para entregar sua mercadoria aos bares? Bem, viemos do cais e atravessamos a praça até o Café Pérola de São Francisco, para tomarmos café. Havia apenas um mendigo acordado na praça bebendo água na fonte. Quando entramos no café, os três lá estavam nos esperando.

Sentamos e um deles se aproximou.

— Bem — disse ele.

— Não posso fazer — respondi. Gostaria de fazer, como um favor, mas como lhe disse na noite passada, não posso.

— Pode exigir seu próprio preço.

— Não se trata disso. Não posso fazer. Isso é tudo.

Os dois outros haviam se aproximado e ficaram de pé, olhando sombriamente. Eram todos rapazes de muito boa aparência e eu gostaria de lhes prestar aquele favor.

— Mil por cabeça — disse o homem que falava bem inglês.

— Não me faça sentir mal — respondi. Digo-lhes de verdade que não posso fazer.

— Mais tarde, quando as coisas tiverem mudado, será um bom negócio para você.

— Sei disso. Quero servi-los. Mas não posso fazer isso.

— Por que não?

— Ganho a vida com o barco. Se o perder, perderei meu ganha-pão.

— Com o dinheiro poderá comprar outro barco.

— Não na cadeia.

Deviam ter pensado que apenas era preciso insistir comigo, pois um deles continuou:

— Você teria três mil dólares e poderia ser um grande negócio para você mais tarde.

— Ouçam — disse eu. Não me importa quem é o presidente aqui, mas não levo para os Estados Unidos coisa alguma que possa falar.

— Quer dizer que nós iríamos falar? — perguntou o que ainda não tinha dito nada. Estava zangado.

— Disse coisa alguma que possa falar.

— Pensa que somos *lenguas largas*?

— Não.

— Sabe o que são *lenguas largas*?

— Sim. Gente com língua comprida.

— Sabe o que fazemos com gente assim?

— Não sejam rudes comigo. Foram vocês que me procuraram. Eu nada lhes ofereci.

— Cala a boca, Pancho, recomendou o que estava falando antes do homem zangado.

— Ele disse que nós íamos falar, respondeu Pancho.

— Ouçam, disse eu. Falei-lhes que não levaria coisa alguma que pudesse falar. Bebida em saco não pode falar. Garrafões não podem falar.

— Chineses podem falar? — perguntou Pancho, em tom bastante desagradável.

— Podem falar, mas eu não posso compreender — respondi.

— Então não fará?

— É como lhes disse à noite passada. Não posso.

— Mas você não falará? — disse Pancho.

A única coisa que não compreendera bem fizera-o ficar intratável. Creio que era desapontamento, também. Nem sequer lhe respondi.

— Você não é um *lengua larga*, é? — perguntou, ainda em tom desagradável.

— Não penso que seja.

— Que é isso? Uma ameaça?

— Ouça — respondi. Não seja tão rude logo de manhã. Tenho certeza que já cortou o pescoço de muita gente. Eu nem tomei ainda meu café.

— Então tem certeza que eu cortei o pescoço de gente?

— Não — disse eu. E isso não me interessa. Não pode tratar de negócio sem ficar zangado?

— Estou zangado agora — respondeu. Gostaria de matá-lo.

— Vamos, Pancho — disse o primeiro homem. Voltando-se então para mim, acrescentou:

— Sinto muito. Gostaria que nos levasse.

— Eu também sinto. Mas não posso.

Os três dirigiram-se para a porta e eu os observei. Eram jovens de boa aparência e vestiam boas roupas; nem um deles tinha chapéu. Pareciam, também, estar bastante endinheirados. De qualquer forma, falavam muito a esse respeito e da maneira como falam os cubanos ingleses que possuem dinheiro.

Dois deles pareciam irmãos e o outro, Pancho, era um rapaz um pouco mais alto, mas com a mesma aparência, ou melhor, magro, boas roupas e cabelos brilhantes. Não acredito que fosse tão ruim como se dizia. Creio que era muito nervoso.

Quando viraram da porta para a direita, vi um carro fechado atravessar a praça em direção a eles. A primeira coisa que notei foi um vidro da janela voar longe e uma bala achatar-se contra a fileira de garrafas na parede da vitrina, à direita. Ouvi a arma continuar disparando — *bum, bum, bum* — e os frascos quebrando-se ao longo da parede.

Saltei para trás do balcão, do lado esquerdo, e olhando por cima pude ver que o carro estava parado e havia dois homens acocorados a seu lado. Um deles tinha uma metralhadora Thompson e o outro tinha uma automática. O que tinha a metralhadora era negro. O outro vestia um guarda-pó branco de motorista.

Um dos rapazes estava deitado no passeio, com o rosto voltado para o chão, pouco para fora da grande vitrina que fora quebrada. Os outros estavam por trás de um dos grandes carros de gelo de cerveja Tropical, parados diante do bar Cunard, situado ao lado. Um dos cavalos do carro de gelo estava caído nos varais, escoiceando, e o outro escondia a cabeça.

Um dos rapazes disparou do canto de trás do carro e a bala ricocheteou no passeio. O negro com a metralhadora Thompson baixou o rosto até quase o chão e disparou por baixo contra o carro. Um dos rapazes foi atingido, caindo sobre o passeio com a cabeça mais ou menos na curva. Agitou-se, pondo as mãos sobre a cabeça, e o motorista disparou com a automática contra ele, enquanto o negro lançava uma nova rajada. Mas foi um longo tiroteio. Pude ver as marcas dos tiros, em todo o passeio, como pingos de prata.

O outro rapaz puxou pelas pernas, para trás do carro, o que fora atingido e eu vi o negro baixando seu rosto até o chão para disparar outra rajada. Em seguida, percebi o velho Pancho dar a volta ao redor do carro e caminhar sob a proteção do cavalo que ainda estava em pé. Afastou-se do animal, com o rosto branco como uma folha de papel e disparou contra o motorista com a grande Luger que tinha; segurava-a com ambas as mãos para mantê-la firme. Disparou duas vezes contra a cabeça do negro que se levantava e abaixava.

Acertou num pneumático do automóvel, pois vi a poeira ser soprada de repente sobre a rua, quando saiu o ar. A dez pés, o negro alvejou-o na barriga com o que devia ser o último tiro da metralhadora, pois vi o negro jogar a arma enquanto o velho Pancho sentava-se rijo e caía para frente. Estava tentando levantar-se, ainda segurando a Luger, mas não podia erguer a cabeça. O negro apanhou a automática que jazia ao lado da roda do carro, perto do motorista, e abriu com ela a cabeça de Pancho. Certos negros!...

Tomei um rápido gole da primeira garrafa que encontrei aberta e não poderia nem dizer o que era. Aquilo tudo me fizera sentir muito mal. Rastejei por trás do bar, até a cozinha nos fundos e, em seguida, para fora. Saí rapidamente da praça e nem olhei para a multidão que estava se juntando diante do café. Atravessei o portão, entrei no cais e subi a bordo.

O sujeito que nos tinha contratado estava a bordo, esperando. Contei-lhe o que havia acontecido.

— Onde está Eddy? — perguntou Johnson, o sujeito que nos contratara.

— Não o vi mais depois que começou o tiroteio.

— Acredita que esteja ferido?

— Não, diabo! Já lhe disse que os únicos tiros que penetraram no café atingiram a vitrina. Isso foi quando o carro estava chegando por trás deles. Foi quando atiraram no primeiro camarada, exatamente diante da vitrina. Vieram num ângulo como este...

— Você parece terrivelmente certo disso — comentou ele.

— Eu estava olhando — respondi.

Ergui, então, os olhos e vi Eddy vindo ao longo do cais, parecendo ainda mais alto e curvado que nunca.

Caminhava como se todas suas juntas estivessem deslocadas.

— Lá está ele.

Eddy parecia bastante mal. Nunca tinha boa aparência de manhã cedo, mas agora parecia bem mal.

— Onde estava? — perguntei.

— No soalho.

— Viu tudo? — perguntou Johnson.

— Não me fale sobre isso, senhor Johnson — disse Eddy. Só de pensar me faz ficar doente.

— Faria melhor em tomar um gole, disse Johnson. Voltando-se para mim, acrescentou:

— Bem, vamos sair?

— Você é quem resolve.

— Que espécie de dia fará?

— Mais ou menos como ontem. Talvez melhor.

— Vamos sair, então.

— Está bem, logo que chegue a isca.

Fazia três semanas que levávamos aquele pássaro a pescar sem nunca termos visto seu dinheiro, exceto cem dólares que me dera para pagar o cônsul, obter licença, comprar algum alimento e pôr gasolina no barco antes da travessia. Eu fornecia todos os apetrechos de pesca e ele nos tinha contratado a trinta e cinco dólares por dia. Dormia no hotel e vinha toda manhã a bordo. Eddy me arranjara o contrato e por isso o estava levando, pagando-lhe quatro dólares por dia.

— Preciso pôr gasolina — disse a Johnson.

— Está bem.

— Para isso preciso de algum dinheiro.

— Quanto?

— É vinte e oito "cents" o galão. Devia pôr quarenta galões de qualquer maneira. São onze e vinte.

Johnson tirou quinze dólares.

— Quer gastar o resto em cerveja e gelo? — perguntei-lhe.

— Ótimo — respondeu. Desconte-o do que lhe devo.

Eu estava pensando que três semanas era muito tempo para deixar as coisas correrem, mas, se ele fosse direito, que diferença haveria? Devia, porém, ter pago cada semana. No entanto, eu já havia deixado as coisas correrem com outros durante um mês e finalmente recebera o dinheiro. A culpa era minha. Mas eu, a princípio, tinha a mania de deixar o barco correr... Somente nos últimos dias é que ficava nervoso, mas não queria dizer nada, de medo de fazê-lo ficar zangado comigo. Se ele fosse direito, quanto mais tempo, melhor.

— Toma uma garrafa de cerveja? — perguntou-me, abrindo a caixa.

— Não, obrigado.

Exatamente nesse momento, o negro que mandáramos buscar a isca vinha descendo o cais e eu disse a Eddy que se preparasse para zarpar.

O negro subiu a bordo com a isca e nós zarpamos e saímos da baía; ele ocupava-se em pôr um par de cavalas no anzol; passava a fisga através da boca dos peixes, fazendo-a sair pelas guelras; abria-os depois no lado e, em seguida, punha o anzol através da parte contrária e novamente fazia sair, conservando a boca do peixe fechada sobre a linha principal e amarrando bem o anzol, de maneira que pudesse escorregar e a isca girasse facilmente sem escapar.

Era um negro retinto, esperto e taciturno, com contas azuis de "voodoo" ao redor do pescoço, por baixo da camisa, e um velho chapéu de palha. O que gostava de fazer a bordo era dormir e ler jornais. Sabia, porém, fazer uma bela isca e era rápido.

— Não sabe fazer uma isca como aquela, capitão? — perguntou-me Johnson.

— Sei, sim.

— Então, por que leva negro para isso?

— Quando o peixe grande correr, verá — respondi-lhe.

— Que idéia é essa?

— O negro pode fazer mais depressa do que eu.

— Eddy não pode fazer?

— Não, senhor.

— Parece-me uma despesa desnecessária.

Johnson estava pagando-lhe um dólar por dia e o negro passava num rumba toda a noite. Eu já podia vê-lo adormecendo.

— Ele é necessário — respondeu.

Já havíamos, então, passado pelo lugar onde os carros de peixe ancoravam diante de Cabañas e os esquifes ancorados pescavam peixes-carneiros no fundo rochoso ao lado do Morro. Dirigi o barco para fora onde o golfo traçava uma linha escura. Eddy tirou os dois grandes atiçadores e o negro já tinha iscas em três varas.

A corrente estava quase a ponto de poder ser sondada e, quando nos aproximamos de sua orla, pudemos vê-la, tornando-se quase vermelha devido aos regulares redemoinhos. Havia uma ligeira brisa do leste e nós fazíamos surgir numerosos peixes-voadores, daqueles grandes e com asas negras que, quando levantam vôo, parecem retratos de Lindbergh cruzando o Atlântico.

Aqueles grandes peixes-voadores são os melhores exemplares que existem. Até onde se podia ver, estendia-se aquele sargaço amarelo-pálido, em pequenos grupos, o que significava que a corrente principal estava boa, e havia pássaros trabalhando à frente sobre um grupo de pequenas "tunas". Era possível vê-las saltando; viam-se apenas de tamanho pequeno, pesando um par de libras cada uma.

— Pode lançar o anzol logo que deseje! — disse a Johnson.

Johnson colocou seu cinto e suas correias, lançando, então, a grande vara com a bobina Hardy com seiscentas jardas de trinta e seis fios. Olhei para trás e sua isca estava girando bem, saltando sobre as ondas. Os dois atiçadores mergulhavam e saltavam. Estávamos navegando com a velocidade conveniente e eu dirigia o barco para a corrente.

— Conserve o cabo da vara no encaixe da cadeira — recomendei a Johnson. Assim, a vara não ficará tão pesada. Conserve a trava solta a fim de poder afrouxar quando ele morder. Se algum morder com a trava presa, arrastá-lo-á para fora.

Todo dia eu tinha de repetir-lhe a mesma coisa, sem que ele jamais se importasse. De cada cinqüenta pessoas que a gente leva a pescar, encontra-se uma que saiba pescar. Essa mesma, como sabem, mantém-se metade do tempo embriagada e deseja usar uma linha que não é suficientemente forte para resistir a um peixe de grande tamanho.

— Como acha o dia? — perguntou-me.

— Não poderia estar melhor. — respondi. Estava realmente fazendo um belo dia.

Dei o leme ao negro e disse-lhe para dirigir ao longo da margem da corrente, para leste. Voltei para onde Johnson estava sentado e fiquei observando sua isca saltar sobre as ondas.

— Quer que lance outra vara? — perguntei.

— Penso que não — respondeu. Desejo fisgar, lutar e tirar meu peixe, sozinho.

— Bem — disse eu. Quer que Eddy lance uma vara e entregue a você se um morder, para que possa fisgá-lo?

— Não — disse. Prefiro que haja apenas minha vara.

— Está bem.

O negro ainda estava levando o barco para fora. Olhei-o e percebi que vira um cardume de peixes-voadores saltando para frente, acima um pouco da corrente. Olhando para trás, pude ver Havana, parecendo bela sob o sol. Um navio estava saindo da baía e passando ao lado do Morro.

— Julgo que terá oportunidade de lutar contra um, hoje, senhor Johnson — disse-lhe eu.

— Já é tempo, respondeu. Há quanto tempo estamos pescando?

— Há três semanas.

— É muito tempo para pescar.

— São uns peixes estranhos — disse-lhe. Não estão aqui senão depois que chegam. Mas, quando chegam, há uma quantidade enorme. E estão sempre chegando. Se não vierem agora, nunca mais virão. A luta é certa. Há uma boa corrente e vamos ter uma boa brisa.

— Havia alguns pequenos quando viemos pela primeira vez?

— Sim — respondi. É como lhe disse. Os pequenos aparecem antes de virem os grandes.

— Vocês, capitães de barcos de pesca, têm sempre a mesma tática. Ou é muito cedo ou é muito tarde, ou o vento não está certo ou a lua está errada. Mas tomam o dinheiro da gente da mesma forma.

— Bem — disse-lhe. O diabo é que geralmente é muito cedo ou muito tarde e quase sempre o vento não está bom. Em seguida, quando se consegue um dia perfeito, a gente está em terra sem fregueses.

— Pensa que hoje é um bom dia?

— Para mim, já tive bastante ação por hoje. Aposto, porém, que você vai ter também bastante ação.

— Espero que sim, disse ele.

Pusemo-nos a pescar. Eddy foi para a proa e deitou-se. Fiquei observando, esperando que aparecesse uma cauda. De vez em quando, o negro adormecia mas eu o estava vigiando. Calculo como ele passava a noite.

— Não se importa de me arranjar uma garrafa de cerveja, capitão? — perguntou-me Johnson.

— Não senhor — respondi, enfiando a mão no gelo para conseguir-lhe uma que estivesse fresca.

— Não toma uma? — perguntou-me.

— Não senhor — respondi. Esperarei até a noite.

Abri a garrafa e estava estendendo-a para Johnson, quando vi aquele grande peixe castanho, com uma espada mais comprida do que um braço, pôr a cabeça e as costas fora d'água, investindo contra a cavala. Parecia tão grande quanto uma tora de madeira.

— Afrouxe a linha para ele! — gritei.

— Ele não a mordeu — respondeu Johnson.

— Segure-a, então.

O bicho subira de muito fundo e perdera a isca. Eu sabia que voltaria a procurá-la.

— Prepare-se para afrouxar a linha no momento em que ele morder.

Vi-o, então, vir por baixo d'água. Podiam-se ver suas barbatanas como asas vermelhas e as listras purpúreas no castanho. Veio como um submarino e sua barbatana superior emergiu, começando a cortar a água. Avançou diretamente por trás da isca e sua espada também emergiu, oscilando, completamente fora d'água.

— Deixe-a entrar na boca dele disse eu.

Johnson tirou a mão do carretel da bobina, que começou a zunir, e o velho peixe-espada voltou-se e mergulhou; pude ver todo o seu corpo brilhando como prata resplandescente quando se virou de costas e rumou rapidamente em direção à praia.

— Prenda um pouco a trava — disse eu. Não muito.

Johnson apertou a trava.

— Não muito — recomendei-lhe.

Vi a linha inclinar-se e acrescentei:

— Segure-a e dê-lhe um soco. Precisa dar-lhe um soco. Ele vai pular de qualquer maneira.

Johnson apertou de uma vez a trava e voltou a segurar a vara.

— Dê-lhe um soco! — disse. Segure-o. Fira-o uma meia dúzia de vezes.

Feriu-o duramente um par de vezes mais e, então, a vara curvou-se, a bobina começou a zunir e o peixe surgiu, ruidosamente, num longo pulo, brilhando como prata ao sol e caindo sobre a água como um cavalo que tivesse sido lançado de um rochedo.

— Solte a trava — disse.

— Fugiu! — exclamou Johnson.

— Fugiu um diabo — respondi. Solte a trava depressa. Pude ver a curva da linha e quando o peixe saltou de novo estava do lado da popa e rumava para o mar alto. Em seguida, emergiu de novo, sacudindo a água que se tornou branca. Pude ver que estava fisgado do lado da boca. As listras mostravam-se claras em seu corpo. Era um belo peixe prateado, com barras vermelhas, e grande como uma tora.

— Fugiu — disse Johnson. A linha estava bamba.

— Dê-lhe linha, recomendei. Ele está bem fisgado.

Voltando-me para o negro gritei:

— Faça o barco avançar a toda velocidade.

Em seguida, uma, duas vezes, ele emergiu rijo, como um poste, com todo seu comprimento, saltando em nossa direção, lançando água para o alto cada vez que caía sobre o mar. A linha tornou-se tesa. Vi que se dirigia para terra e estava virando.

— Agora ele dará sua corrida — disse eu. Se corcovear, eu o caçarei. Conserve a trava solta. Há linha em quantidade.

O velho peixe-espada rumou para noroeste, como fazem todos os grandes peixes. Irmão, como corcoveava! Começou a dar aqueles grandes saltos e cada vez que caía sobre a água era como uma lancha rápida no mar. Seguimo-lo, perseguindo-o de perto depois de eu ter feito a volta. Mantinha-me no leme e continuava gritando a Johnson para conservar sua trava solta e dar linha depressa. De repente, vi sua vara agitar-se e a linha tornar-se bamba. Não parecia bamba a não ser para quem conhecesse bem, devido ao estiramento da barriga da linha sobre a água. Eu, porém, conhecia.

— Fugiu — disse para Johnson.

O peixe ainda estava pulando e continuou a pular até que o perdemos de vista. Era de fato um belo peixe.

— Ainda posso senti-lo puxando — disse Johnson.

— Isso é o peso da linha.

— Mal posso enrolar a linha. Talvez ele esteja morto.

— Olhe-o — exclamei. Ainda está pulando.

Podia-se vê-lo a uma meia milha de distância, ainda lançando jatos de água.

Experimentei sua trava. Johnson havia apertado de uma vez. Não era possível puxar linha alguma. Tinha de partir.

— Não lhe disse para manter a trava solta?

— Mas ele continuava a puxar linha.

— E o que tem isso?

— Por isso apertei.

— Ouça — disse-lhe. Se a gente não lhe dá linha quando ele começa a corcovear daquela forma, a linha parte-se. Não há linha que o segure. Quando um bicho desse puxa, o que se tem a fazer é dar-lhe linha. É preciso ainda manter a trava solta. O pescador de mercado não consegue mantê-lo preso nessa ocasião, nem mesmo com uma linha de arpão. O que se tem a fazer é usar o barco para caçá-lo, a fim de que não arraste tudo na sua terrível corrida. Depois disso, ele mergulha e, então, a gente pode apertar a trava, para trazê-lo de volta.

— Então, se a linha não tivesse partido eu o teria apanhado?

— Teria tido uma oportunidade.

— Ele não poderia ter continuado daquela forma, podia?

— Um animal de tal porte pode fazer muitas outras coisas. Somente depois de ter dado a corrida é que começa a luta.

— Bem, vamos apanhar um — disse Johnson.

— Você primeiro tem que enrolar aquela linha, respondi.

Havíamos fisgado e perdido aquele peixe sem acordar Eddy. Agora, o velho Eddy vinha voltando para a popa.

— Que aconteceu? — perguntou.

Eddy havia sido outrora um bom homem num barco, antes de se tornar um bêbado. Agora não servia mais para coisa alguma. Olhei-o lá em pé, alto e de faces encovadas, com a boca frouxa e aquela coisa branca no canto dos olhos. Seu cabelo parecia todo desbotado ao sol. Sabia que ele acordava morto por um gole.

— Faria melhor em beber uma garrafa de cerveja — disse-lhe.

Eddy apanhou uma garrafa e bebeu-a.

— Bem, senhor Johnson — disse ele. Acho que o melhor é eu terminar minha soneca. Muito obrigado pela cerveja, senhor.

Aquele Eddy!... O peixe não lhe fazia a menor diferença. Bem, fisgamos outro, mais ou menos ao meio-dia, e ele conseguiu fugir. Podia-se ver o anzol voar, até trinta pés de altura, quando o peixe o lançou fora.

— Que fiz de errado desta vez? — perguntou Johnson.

— Nada. Ele apenas lançou fora o anzol.

— Senhor Johnson — disse Eddy, que acordara para tomar outra garrafa de cerveja... Senhor Johnson, o senhor apenas não tem sorte. Quem sabe se tem sorte com mulheres. Que diria de sairmos esta noite?

Em seguida, voltou a deitar-se de novo.

Cerca de quatro horas estávamos voltando para terra, contra a corrente; deslizávamos suavemente sobre a água, com o sol a nossas costas; o maior peixe-espada preto que já vi mordeu a isca de Johnson. Lançamos um anzol de pena e apanhamos quatro daquelas pequenas "tunas". O negro pôs uma em seu anzol para servir de isca. Girava muito pesadamente, mas dava grandes batidas na esteira do barco.

Johnson tirou as correias da bobina para poder colocar a vara através dos joelhos, pois seus braços cansavam-se de mantê-la todo o tempo em posição. Como suas mãos cansavam-se de segurar o carretel da bobina contra a trava da grande isca, apertou a trava quando eu não estava olhando. Não sabia que tinha feito isso. Não me agradava vê-lo segurando a vara daquele jeito, mas odiava estar constantemente a repreendê-lo. Além disso, com a trava solta, a linha saía, de maneira que não havia perigo algum. Mas era um método estranho de pescar.

Eu estava no leme e dirigia o barco pela beirada da corrente, do lado oposto àquela velha fábrica de cimento. Lá perto da praia era muito fundo e havia uma espécie de redemoinho, onde sempre existiam montes de isca. Vi, então, uma explosão como uma bomba de profundidade. Surgiram, em seguida, a espada, os olhos, um maxilar aberto e a enorme cabeça vermelho-escura de um peixe-espada preto. Toda a barbatana superior estava fora d'água, parecendo tão alta quanto um navio completamente equipado, e toda a afiada cauda também surgia quando o peixe investiu contra aquela "tuna". Sua espada era tão grande quanto um taco de *baseball* e curva para cima. Quando agarrou a isca, abriu um vasto buraco no oceano. Era um sólido peixe vermelho-escuro e tinha um olho tão grande quanto uma terrina de sopa. Era enorme. Aposto como pesava umas mil libras.

Gritei a Johnson para lhe dar linha, mas, antes de ter podido dizer uma palavra, vi Johnson saltar da cadeira para o ar, como se estivesse sendo levantado por um guindaste. Segurou durante um segundo aquela vara. Em seguida, a vara curvou-se como um arco e o cabo apanhou-o na barriga; todos os apetrechos caíram para fora do barco.

Ele havia apertado demais a trava e, quando o peixe mordeu, ergueu-o da cadeira. Johnson não havia podido segurá-lo. Estava com o cabo embaixo de uma perna e a vara através do colo. Se estivesse com as correias presas, o peixe o teria arrastado também.

Desliguei o motor e voltei para a popa. Johnson estava sentado, examinando a barriga no lugar onde o cabo da vara o ferira.

— Creio que isso é o bastante por hoje — disse eu.

— O que era? — perguntou.

— Um peixe-espada preto — respondi.

— Como aconteceu tal coisa?

— Calcule — respondi-lhe. A bobina custava duzentos e cinquenta dólares. Está custando mais agora. A vara custa quarenta e cinco. Havia pouco menos de seiscentas jardas de trinta e seis fios.

Exatamente nesse momento, Eddy bateu-lhe nas costas, dizendo:

— Senhor Johnson, o senhor é apenas sem sorte. Sabe que nunca vi isso acontecer antes na minha vida?

— Cale a boca, bêbado — disse-lhe eu.

— Digo-lhe, senhor Johnson — insistiu Eddy — que esse é o acontecimento mais raro que já vi em toda minha vida.

— Que faria eu se tivesse fisgado um peixe como esse? — disse Johnson.

— Por isso é que queria lutar inteiramente sozinho, — retruquei, sentindo-me bastante zangado.

— São muito grandes — continuou Johnson. Ora, seria apenas um castigo.

— Ouça — afirmei-lhe. Um peixe como esse tê-lo-ia matado.

— Pode-se apanhá-los.

— Gente que sabe pescar apanha-os. Não pense porém que não recebem castigo.

— Vi o retrato de uma moça que apanhou um.

— Certamente — respondi. Mas pescando também. Ele engoliu a isca, seu estômago foi puxado para fora, ele veio para cima e morreu. Estou falando em apanhar um deles quando é fisgado pela boca.

— Bem — disse Johnson — Eles são muito grandes. Se não for divertido, para que fazer então?

— Exatamente, senhor Johnson, comentou Eddy. Se não for divertido para que fazer? Tocou exatamente no ponto. Se não for divertido, para que fazer?

Eu ainda estava abalado por ter visto aquele peixe e me sentia doente devido aos instrumentos de pesca. Não podia ouvir o que diziam. Disse ao negro para levar o barco em direção ao Morro. Não lhes disse nada e ambos sentaram-se. Eddy em uma cadeira com uma garrafa de cerveja e Johnson com outra.

— Capitão — disse ele, depois de algum tempo. Não me poderia preparar um *highball*?

Sem dizer coisa alguma, preparei-lhe um e, em seguida, fiz para mim uma verdadeira bebida. Pensava comigo: mesmo que aquele senhor Johnson havia pescado durante quinze dias, finalmente fisgara um peixe que um pescador daria um ano para apanhar. Perdera-o, perdera meus instrumentos de pesca, passara por tolo e sentava-se perfeitamente satisfeito, em seguida, bebendo como um inconsciente.

Quando chegamos ao cais e o negro ficou em pé esperando, eu disse a Johnson:

— Amanhã, como vai ser?

— Não sei — respondeu. Estou mais ou menos cheio com essa espécie de pesca.

— Deseja pagar o negro?

— Quanto lhe devo?

— Um dólar. Pode dar-lhe também uma gorjeta se quiser.

Johnson deu, então, ao negro um dólar e duas moedas de vinte centavos cubanos.

— Para que é isto? — perguntou-me o negro, mostrando as moedas.

— Uma gorjeta — respondi-lhe em espanhol. Está dispensado. E ele lhe dá isso.

— Não venho amanhã?

— Não.

O negro apanhou seu rolo de cordas que usava para amarrar as iscas e seus óculos escuros, pôs seu chapéu de palha e partiu sem dizer sequer adeus. Era um negro que nunca simpatizara muito com qualquer de nós.

— Quando deseja acertar as contas, senhor Johnson? — perguntei.

— Irei ao banco pela manhã — respondeu-me. Poderemos acertar as contas durante a tarde.

— Sabe quantos dias são?

— Quinze.

— Não. São dezesseis com hoje. Mais um dia para vir, outro para voltar, são ao todo dezoito. Há também a vara, a bobina e a linha de hoje.

— O risco pelos instrumentos de pesca é por sua conta.

— Não senhor. Não quando o senhor os perde daquela maneira.

— Paguei o aluguel deles por todos os dias. O risco é seu.

— Não senhor — insisti. Se um peixe os quebrasse, sem ser sua culpa, seria outra coisa. Mas perdeu todos aqueles instrumentos por falta de cuidado.

— O peixe arrancou-os da minha mão.

— Porque estava com a trava presa e não tinha a vara no suporte.

— Você não tem o direito de cobrar essas coisas.

— Se o senhor aluga um automóvel e joga-o de um rochedo abaixo, pensa que não terá de pagá-lo?

— Não, se eu estiver dentro — respondeu Johnson.

— Essa é muito boa, senhor Johnson, aparteou Eddy. Entendeu, não, capitão? Se ele estivesse dentro, morreria. Assim, não teria de pagar. Essa é muito boa.

Não prestei atenção ao bêbado. Dirigindo-me a Johnson, disse:

— Deve-me duzentos e noventa e cinco dólares por aquela vara, bobina e linha.

— Bem, não está direito — disse Johnson. Mas se pensa dessa maneira, por que não dividimos a diferença?

— Não poderia substituir os instrumentos por menos de trezentos e sessenta e seis. Não lhe estou cobrando a linha. Um peixe como aquele poderia puxar toda sua linha, sem que fosse culpa sua. Se houvesse aqui alguém, além de um bêbado, poderia dizer-lhe como estou sendo correto com você. Sei que parece muito dinheiro, mas paguei também muito dinheiro quando comprei os instrumentos. Não se pode pescar peixes como aquele, sem os melhores instrumentos que se possam comprar.

— Senhor Johnson, ele diz que sou um bêbado. Talvez eu seja. Mas digo-lhe que ele tem razão. Tem razão e está sendo razoável, disse Eddy.

— Não procurarei criar dificuldades — concordou finalmente Johnson. Pagarei tudo, embora não concorde. São, então, dezoito dias e trinta a cinco dólares, com mais duzentos e noventa e cinco extraordinários.

— Deu-me cem, expliquei-lhe. Dar-lhe-ei uma lista do que gastei e subtrairei os alimentos que sobraram. O que comprou de provisões ser-lhe-á devolvido.

— Isso é razoável — disse Johnson.

— Ouça, senhor Johnson — aparteou novamente Eddy — se soubesse a maneira como geralmente cobram a um estrangeiro, concordaria em que é mais que razoável. Sabe o que é? É excepcional. O capitão o está tratando como se fosse sua mãe.

— Irei ao banco amanhã e virei aqui à tarde. Em seguida, tomarei o navio depois de amanhã.

— Poderá voltar conosco e economizar a passagem.

— Não — respondeu. Economizo tempo indo no navio.

— Bem — convidei eu. Que diz de um gole?

— Ótimo, respondeu Johnson. Nada de ressentimentos, não é?

— Não senhor, concordei.

Sentamo-nos os três na popa e tomamos juntos um *highball*.

No dia seguinte, trabalhei no barco durante toda a manhã, trocando o óleo e uma coisa ou outra. Ao meio-dia, fui até a cidade e comi num restaurante chinês, onde se obtém uma boa refeição por quarenta "cents". Em seguida, comprei alguma coisa para levar para casa, para minha mulher e minhas três meninas. Compreendem, perfumes, um par de leques e três daqueles pentes altos. Quando terminei, passei pelo Donovan, onde tomei uma cerveja e conversei com o velho. Voltei, então, para o cais de São Francisco, parando no caminho em três ou quatro lugares para tomar cerveja. Paguei um par de goles a Frankie, no bar Cunard, e voltei para bordo, sentindo-me bastante bem. Quando cheguei a bordo, restavam-me exatamente quarenta "cents". Frankie foi a bordo comigo e, enquanto ficávamos sentados, esperando Johnson, bebi um par de cervejas frias da geladeira com Frankie.

Eddy não havia aparecido durante toda a noite e todo o dia, mas eu sabia que surgiria mais cedo ou mais tarde, logo que esgotasse seu crédito. Donovan contou-me que ele estivera durante algum tempo lá, na noite anterior, com Johnson; havia, então, aberto um crédito. Continuamos esperando e eu já estava me perguntando por que Johnson não aparecia. Eu deixara recado no cais para lhe dizerem que fosse a bordo e esperasse por mim, mas disseram-me que não havia aparecido. Ainda assim, pensei que dormira tarde e, provavelmente, não se levantaria senão lá pelo meio-dia. Os bancos ficavam abertos até as três e meia. Vimos o avião partir e, cerca de cinco e meia, eu já deixara de me sentir bem e estava começando a ficar bastante aborrecido.

Às seis horas, mandei Frankie ao hotel ver se Johnson estava lá. Pensava ainda que poderia ter passado a noite fora ou estaria no hotel, sentindo-se mal para levantar. Continuei esperando e esperando até bem tarde. Estava, porém, ficando bastante aborrecido, pois Johnson devia-me oitocentos e vinte e cinco dólares.

Frankie havia partido mais ou menos meia hora antes. Quando o vi voltando, caminhava depressa, sacudindo a cabeça.

— Partiu no avião — contou-me.

Muito bem. Aí estava. O consulado estava fechado. Eu tinha quarenta "cents" no bolso e, de qualquer maneira, o avião já devia encontrar-se em Miami. Não poderia sequer enviar um telegrama. Aquele senhor Johnson... Muito bem. Era minha a culpa. Eu devia ter sabido melhor como fazer as coisas.

— Bem — disse a Frankie. Faríamos melhor em tomar uma gelada. Foi o senhor Johnson quem as comprou.

Restavam, ainda, três garrafas de Tropical.

Frankie sentia-se tão mal quanto eu. Não sei como lhe era possível isso, mas parecia realmente. Mantinha-se batendo em minhas costas e sacudindo a cabeça.

Ali estava, portanto. Eu me encontrava quebrado. Perdera quinhentos e trinta dólares do aluguel e instrumentos que não poderia substituir por menos de trezentos e cinqüenta. Como ficarão satisfeitos alguns dos membros daquela quadrilha que está sempre rodeando o cais, pensei. Certamente tornaria felizes alguns *conchs*. E, no dia anterior, eu recusara três mil dólares para desembarcar três estrangeiros nos Keys, em qualquer ponto, apenas para tirá-los do país.

Muito bem, que faria eu agora? Não poderia transportar uma carga, porque precisaria dinheiro para comprar a bebida. Além disso, aquele transporte já não rendia mais dinheiro. A cidade estava cheia de bebida e não havia pessoa alguma para comprá-la. Mas eu estaria desgraçado se precisasse voltar quebrado e passar fome durante um verão naquela cidade. Além disso, eu tinha família. O certificado de saída era pago quando entrávamos. Geralmente a gente pagava adiantado ao despachante, que arranjava a licença de entrada e saída. Diabo, eu não tinha dinheiro nem mesmo para pôr gasolina. Era uma situação dos diabos. Aquele senhor Johnson...

— Preciso levar alguma coisa, Frankie — disse eu. Tenho de ganhar algum dinheiro.

— Compreendo — respondeu-me.

Frankie vive rodeando o cais e faz serviços estranhos. É bastante surdo e bebe demais toda noite. Nunca se viu, porém, camarada mais leal e com melhor coração. Conheci-o desde quando comecei a ir até lá. Auxiliou-me a carregar o barco muitas vezes. Em seguida, quando deixei de transportar aquele material e comecei a alugar o barco para pesca de peixe-espada em Cuba, costumava vê-lo frequentemente rodeando o cais e o café. Parecia mudo e geralmente sorria ao invés de falar, mas isso era devido a ser surdo.

— Leva qualquer coisa? — perguntou Frankie.

— Certamente — respondi. Agora não posso escolher.

— Qualquer coisa?

— Exatamente.

— Verei, disse Frankie. Onde posso encontrá-lo.

— Estarei no Pérola. Tenho de comer.

Pode-se comer uma boa refeição no Pérola por vinte e cinco *cents*. Qualquer coisa do cardápio custa um *dinne*, exceto a sopa, que custa um *nickel*. Caminhei até lá com Frankie. Entrei e ele continuou andando. Antes de partir, apertou-me a mão e bateu-me de novo nas costas.

— Não se preocupe — disse-me. Eu, Frankie, muita política. Muito negócio. Muita bebida. Nada de dinheiro. Mas um grande amigo. Não se preocupe.

— Até logo, Frankie — respondi. Não se preocupe também, rapaz.

Capítulo II

Entrei no Pérola e sentei-me a uma mesa. Havia uma nova vidraça na janela que fora quebrada e a vitrina estava toda consertada. Numerosos galegos bebiam no bar e alguns comiam. Numa mesa, já estavam jogando dominó. Comi uma sopa de feijão preto e um pedaço de carne com batatas cozidas, por quinze *cents*. Uma garrafa de cerveja Hatuey elevou a conta para vinte e cinco *cents*. Quando falei ao garçom a respeito do tiroteio, não me respondeu nada. Estavam todos bastante assustados.

Terminei a refeição, recostei-me na cadeira e fiquei fumando um cigarro, enquanto pensava. Vi, então, Frankie entrando pela porta, tendo alguém atrás de si. Gente amarela, pensei comigo mesmo. Então, é gente amarela.

— Este é o senhor Sing — disse-me Frankie, sorrindo. Tinha, de fato, agido muito depressa e sabia disso.

— Muito prazer — disse o senhor Sing.

O senhor Sing era a coisa mais polida que eu já tinha visto. Chinês, na verdade, mas falava como um inglês e vestia um terno branco, com camisa de seda, gravata preta e um daqueles chapéus do Panamá de cento e vinte dólares.

— Toma uma xícara de café?

— Se também tomar.

— Obrigado — respondeu o senhor Sing. Estamos absolutamente sozinhos aqui?

— Exceto quanto a toda essa gente no café — disse-lhe.

— Está muito bem — continuou o senhor Sing. Tem um barco?

— Trinta e oito pés — expliquei. Cem cavalos Kermath.

— Ah! exclamou. Pensei que fosse maior.

— Pode levar duzentas e sessenta e cinco caixas sem ficar carregado.

— Está disposto a alugá-lo para mim?

— Em que termos?

— Não precisará ir. Eu arranjarei um capitão e uma tripulação.

— Não — disse eu. Vou no barco a qualquer parte onde ele for.

— Compreendo — concordou o senhor Sing e voltando-se para Frankie, acrescentou:

— Não se importaria de nos deixar?

Frankie parecia tão interessado como sempre e sorriu.

— Ele é surdo — expliquei. Não compreende muita coisa em inglês.

— Percebo — disse o senhor Sing. Fale-lhe em espanhol. Diga-lhe para nos procurar mais tarde.

Fiz um gesto a Frankie com o polegar. Ele levantou-se e encaminhou-se para o bar.

— Não fala espanhol? — perguntei.

— Oh, sim, respondeu o senhor Sing. Agora, que circunstâncias levou-o... levou-o a considerar...

— Estou quebrado.

— Compreendo — disse o senhor Sing. O barco deve algum dinheiro? Poderia ser apreendido?

— Não.

— Perfeitamente. Quantos de meus infelizes compatriotas poderia seu barco acomodar?

— Quer dizer transportar?

— Exatamente.

— Até onde?

— Um dia de viagem.

— Não sei: — respondi. Poderia levar uns doze, se não tivessem bagagem.

— Não teriam bagagem alguma.

— Para onde deseja que os transporte?

— Deixo isso a seu cuidado — respondeu o senhor Sing.

— Quer dizer, o ponto onde devo desembarcá-los?

— Embarcá-los-ia para Tortugas, onde uma escuna os recolheria.

— Ouça, disse eu. Existe um farol em Tortugas, em Loggerhead Key, com um rádio que transmite e recebe.

— Perfeitamente — declarou o senhor Sing. Seria certamente muito tolo desembarcá-los lá.

— Então o quê?

— Eu disse que os embarcaria para lá. Isso é o que consta de suas passagens.

— Sim?

— Desembarcá-los-ia onde lhe indicasse seu melhor julgamento.

— A escuna irá a Tortugas recolhê-los?

— Naturalmente que não, respondeu o senhor Sing. Que tolice!

— Quanto valem por cabeça?

— Cinqüenta dólares.

— Não.

— Que tal setenta e cinco?

— Quanto ganha o senhor por cabeça?

— Oh, isso é absolutamente fora da questão. Compreende, há muitas facetas, ou poderia dizer ângulos, no fato de eu emitir as passagens. E as coisas não terminam aí.

— Sim, disse. E o que pretende que eu faça não deve também ser pago, hein?

— Compreendo perfeitamente seu ponto de vista, — concordou o senhor Sing. Digamos cem dólares para cada um?

— Ouça — insisti eu. Sabe quanto tempo eu ficaria na cadeia se me apanhassem nesse negócio?

— Dez anos — respondeu o senhor Sing. Dez anos no mínimo. Mas não há razão para ir para a cadeia, meu querido capitão. Corre apenas um risco: ao carregar seus passageiros. Tudo o mais é deixado à sua discrição.

— E se eles voltarem às suas mãos?

— É perfeitamente simples. Eu lhes diria que o senhor me traiu. Reuniria outro fundo parcial e embarcá-los-ia de novo. Eles, naturalmente, percebem que se trata de uma viagem difícil.

— E no que se refere a mim?

— Creio que enviaria uma palavra ao consulado.

— Compreendo.

— Mil e duzentos dólares, capitão, não são de desprezar atualmente.

— Quando eu receberia o dinheiro?

— Duzentos quando concordasse e mil quando carregasse.

— Suponha que eu desaparecesse com os duzentos.

— Eu nada poderia fazer, naturalmente — disse o senhor Sing, sorrindo. Mas sei que não fará tal coisa, capitão.

— Tem consigo os duzentos?

— Naturalmente.

— Coloque-os embaixo do prato.

O senhor Sing pôs o dinheiro embaixo do prato.

— Está bem — disse eu. Desembaraçar-me-ei pela manhã e partirei ao escurecer. Onde carregamos?

— Que tal seria Bacuranao?

— Está bem. Tem isso arrumado?

— Naturalmente.

— Agora, quanto ao embarque. Mostrará duas luzes, uma acima da outra, no ponto marcado. Eu me aproximarei quando as observar. Virá numa lancha e carregará da lancha para o barco. Virá o senhor mesmo e trará o dinheiro. Não tomarei nenhum a bordo até ter o dinheiro comigo.

— Não — disse ele. Metade quando começar a carregar e a outra metade quanto terminar.

— Está bem — respondi. É razoável.

— Então, está tudo entendido.

— Creio que sim — respondeu. Não haverá bagagens, nem armas de fogo, nem facas, nem navalhas, nada. Tenho que saber a esse respeito.

— Capitão — disse o senhor Sing. Não tem confiança em mim? Não vê que nossos interesses são idênticos?

— O senhor tem que tornar isso seguro.

— Por favor, não me deixe embaraçado — disse ele. Não vê como nossos interesses coincidem?

— Está bem — respondi-lhe. A que horas estará lá?

— Antes da meia-noite.

— Muito bem, disse eu. Creio que é tudo.

— De que forma quer o dinheiro?

— Em notas de cem está bom.

Levantou-se e eu o observei afastar-se. Frankie sorria para mim quando ele partiu. O senhor Sing não o olhou. Era realmente um chinês de aparência polida. Aquele chinês...

Frankie aproximou-se da mesa.

— Bem? — perguntou ele.

— Onde conheceu o senhor Sing?

— Ele embarca chineses, respondeu-me. Grande negócio.

— Há quanto tempo o conhece?

— Está aqui há cerca de dois anos — respondeu Frankie. Outro os embarcava antes dele. Alguém o matou.

— Alguém matará o senhor Sing também.

— Certamente — disse Frankie. Por que não? Negócio muito bom.

— Esse negócio? — observei.

— Grande negócio — explicou Frankie. Chineses embarcados nunca voltam. Outro chinês escreve cartas dizendo que tudo está bem.

— Maravilhoso! — exclamei.

— Esta espécie de chinês não compreende escrita. Chinês pode escrever muito bonito. Nada come. Vive de arroz. Cem mil chineses aqui. Apenas três mulheres chinesas.

— Por quê?

— Governo não deixa.

— Que situação dos infernos! — exclamei.

— Fez negócio com ele?

— Pode ser.

— Bom negócio — disse Frankie. Melhor que política. Muito dinheiro. Negócio muito bom.

— Toma uma garrafa de cerveja? — convidei.

— Se não está mais aborrecido...

— Diabo, não — respondi. Negócio muito bom. Muito obrigado.

— Bom, disse Frankie, e bateu-me nas costas. Faz-me mais feliz que qualquer outra coisa. Tudo o que quero é vê-lo satisfeito. Chinês é bom negócio, hein?

35

— Maravilhoso.

— Deixa-me feliz — disse Frankie.

Vi que estava para chorar, tão satisfeito se sentia por tudo estar muito bem. Bati-lhe, então, nas costas. Aquele Frankie...

A primeira coisa que fiz de manhã foi procurar o despachante e dizer-lhe para nos desembarcar. Ele desejava a lista da tripulação e eu lhe disse que não havia ninguém.

— Vai cruzar sozinho, capitão?

— Exatamente.

— Que aconteceu com seu marinheiro?

— Está numa bebedeira...

— É muito perigoso ir sozinho.

— São apenas noventa milhas — disse eu. Julga que ter um bêbado a bordo faz alguma diferença?

Levou o barco até o cais da Standard Oil, do outro lado da baía, e enchi ambos os tanques. Comportavam quase duzentos galões, quando cheios. Causava-me ódio comprar a gasolina a vinte e oito "cents" o galão, mas não sabia aonde iríamos.

Desde que vi o chinês e apanhei o dinheiro, sentia-me preocupado com o negócio. Creio que não dormi durante toda a noite. Levei o barco de volta para o cais de São Francisco e lá vi Eddy esperando por mim.

— Alô, Harry, disse-me, agitando a mão.

Lancei-lhe o cabo de popa; amarrou-a e, em seguida, veio para bordo. Estava mais comprido, mais rameloso e mais bêbado que nunca. Não lhe disse coisa alguma.

— Que pensa daquele Johnson partir dessa maneira, Harry? — perguntou-me. Que sabe a esse respeito?

— Vá-se embora daqui — disse-lhe eu. Você é veneno para mim.

— Irmão, não se sinta tão mal por isso.

— Saia do barco — tornei a dizer.

Eddy acabava de aboletar-se numa cadeira e estendeu as penas, dizendo:

36

— Ouvi dizer que vamos cruzar hoje. Bem, creio que não há utilidade alguma em ficar por aí.

— Você não irá.

— Que aconteceu, Harry? Não há senso em ficar zangado comigo.

— Não? Saia do barco.

— Oh, não se exalte.

Feri-o no rosto e ele, após permanecer um momento parado, subiu para o cais.

— Eu não faria uma coisa dessas para você, Harry — falou-me.

— Tem toda razão ao dizer que não me faria — respondi-lhe. Não vou levá-lo. Isso é tudo.

— Bem, que lhe fiz para que me bata?

— Então, acreditou, hein?

— Que quer que eu faça? Ficar aqui e passar fome?

— Passar fome, o diabo. Pode voltar no *ferry*. Poderá trabalhar para ganhar a passagem de volta.

— Você não me está tratando direito.

— A quem você jamais tratou direito, seu bêbado? — disse-lhe. Você trairia sua própria mãe.

Isso também era verdade. Mas eu me sentia mal por lhe ter batido. Sabem o que a gente sente quando bate num bêbado. Eu não o levaria, porém, da maneira como estavam as coisas, nem mesmo que o desejasse.

Começou a se afastar pelo cais, parecendo mais comprido que um dia de fome. Em seguida, virou-se e voltou.

— Que pensa de me deixar um par de dólares, Harry?

Dei-lhe uma nota de cinco dólares, das que tinha recebido do chinês.

— Sempre soube que você era meu amigo, Harry. Por que não me leva?

— Você dá azar.

— Você está apenas zangado — disse ele. Não se incomode, velho amigo. Ainda ficará satisfeito em me encontrar.

Agora que tinha dinheiro, caminhava muito mais depressa mas, ainda assim, digo-lhes que era como veneno vê-lo caminhar. Andava exatamente como se tivesse as juntas deslocadas.

Subi para o Pérola e encontrei-me com o despachante, que me entregou os papéis. Paguei-lhe um gole e, em seguida, almocei. Depois disso, apareceu Frankie.

— Um sujeito deu-me isto para lhe entregar — falou-me, entregando-me uma espécie de tubo enrolado em papel e amarrado com um pedaço de cordão vermelho. Parecia um postal quando tirei o papel pensando que fosse uma fotografia do barco tirada por alguém que tivesse andado pelo cais.

Muito bem. Era uma fotografia em *close-up* da cabeça e do peito de um negro morto, com a garganta cortada de orelha a orelha e, em seguida, costurada. No peito havia um cartão com as palavras em espanhol: "Isto é o que fazemos aos *lenguas largas*".

— Quem lhe deu isto? — perguntei a Frankie.

Mostrou-me um rapazinho espanhol que trabalhava pelo cais e que acabou morrendo de tuberculose. Esse rapaz estava em pé ao lado do balcão de lanches.

— Peça-lhe para vir até aqui.

O rapaz aproximou-se. Disse que dois jovens lhe haviam dado o pacote, mais ou menos às onze horas. Perguntaram-lhe se me conhecia e havia respondido que sim. Depois, dera o pacote a Frankie para me entregar. Haviam-lhe dado um dólar para fazer com que o pacote chegasse às minhas mãos. Estavam bem vestidos, disse-me.

— Política, disse Frankie.

— Oh, sim, respondi.

— Pensam que você contou à polícia que encontrara os rapazes aqui naquela manhã.

— Oh, sim.

— Má política, repetiu Frankie. Ainda bem que você vai partir.

— Deixaram algum recado? — perguntei ao rapaz espanhol.

— Não — respondeu. Apenas disseram para lhe entregar isso.

Eu tinha todos os documentos num pacote que o despachante me dera. Paguei a conta e saí do café. Cruzei a praça, passei pelo portão e senti-me satisfeito ao atravessar o armazém e entrar no cais. Aqueles rapazes eram como Pancho. Quando se assustavam, ficavam excitados e quando se excitavam, queriam matar alguém.

Subi para bordo e aqueci o motor. Frankie permaneceu no cais, observando. Estava sorrindo com aquele seu estranho sorriso de surdo. Voltei-me para ele e disse:

— Ouça. Não vá se meter em dificuldades por causa disso.

Não pôde ouvir-me. Tive de gritar-lhe as palavras.

— Eu tenho boa política — respondeu Frankie.

E soltou o barco.

Capítulo III

Acenei com a mão para Frankie, que havia lançado para bordo o cabo da proa, e dirigi o barco para fora, lançando-o canal abaixo. Um cargueiro britânico estava saindo, e eu, navegando a seu lado, passei-o. Estava bem carregado com açúcar e tinha as chapas enferrujadas. Um marinheiro inglês, vestindo um velho *suéter* azul, olhou-me da popa, quando passei o cargueiro. Saí da baía e passei pelo Morro, pondo o barco na rota de Key West, em direção norte. Deixei o leme, fui para a frente e enrolei o cabo da proa. Voltei em seguida e coloquei o barco em sua rota, deixando Havana para trás, na direção da popa.

Perdi de vista o Morro, depois de algum tempo, e, em seguida, o Hotel Nacional. Por fim, apenas podia ver a cúpula do Capitólio. Não havia muita correnteza, em comparação com o último dia em que pescáramos, e soprava apenas uma ligeira brisa. Vi um par de navios de pesca seguindo em direção a Havana, vindos do oeste. Isso me indicou que a corrente era ligeira.

Virei o comutador e desliguei o motor. Não havia senso em desperdiçar gasolina. Deixei o barco vogar ao sabor das ondas. Quando ficasse escuro, sempre me seria possível ver a luz do Morro ou, se o barco fosse arrastado até muito longe, as luzes de Cojimar, e, em seguida, tomar novamente o leme e dirigir a embarcação para Bacuranao. Julgava, porém, que, da maneira como parecia a corrente, o barco, ao escurecer, teria sido arrastado através das doze milhas até Bacuranao. Eu veria, então, as luzes de Baracoa.

Desliguei o motor e fui até a popa, dar uma olhada. Tudo o que havia para ver eram os dois navios de pesca na direção oeste e, para trás, a cúpula do Capitólio, erguendo-se branca na orla do mar. Havia algumas algas sobre a correnteza e uns pássaros revoando, mas não muitos. Sentei-me lá, durante algum tempo, no alto da casa, e fiquei observando. Mas, os únicos peixes que vi foram aqueles castanhos pequenos que se encontravam ao redor das algas. Irmão, não permita que alguém lhe diga que não existe bastante água entre Havana e Key West. Eu estava apenas na orla dessa extensão de água.

Depois de algum tempo, voltei para a cabina e lá encontrei Eddy.

— Que aconteceu? Que aconteceu com o motor?

— Parou.

— Por que não fechou a escotilha?

— Oh, diabo! — exclamei.

Sabem o que ele havia feito? Voltara, escorregara pela escotilha da frente, descera para a cabina e fora dormir. Tinha consigo duas garrafas. Ao se afastar do navio, entrara na primeira taberna que encontrara, comprara a bebida e voltara para bordo. Quando largamos, acordou e tornou a dormir em seguida. Ao parar o barco no golfo e ele começou a balançar um pouco, Eddy acordara com o balanço.

— Sabia que você ia levar-me, Harry — disse-me.

— Levar você para o inferno — respondi. Você nem sequer consta da lista de tripulantes. Tenho toda a vontade de fazê-lo saltar agora para a água.

— Você é um velho engraçado, Harry — disse Eddy. Nós, *conchs*, devemos nos agarrar uns aos outros, quando estamos em dificuldades.

— Você?... disse eu, com essa boca?... Quem pode confiar em sua boca quando você está no fogo?

— Eu sou um bom homem, Harry. Ponha-me à prova e verá que homem bom eu sou.

— Dê-me as duas quartas — falei-lhe.

Eu estava pensando em outra coisa.

Entregou-me a bebida. Tomei um gole da que estava aberta e as coloquei na frente, ao lado do leme. Eddy permaneceu lá em pé e eu o observei. Sentia pena dele pelo que eu sabia que teria de fazer. Diabo, eu o conhecera quando era um bom homem.

— Que aconteceu, com o barco, Harry?

— Está muito bom.

— Que aconteceu, então? Por que está me olhando dessa forma?

— Irmão — disse-lhe, sentindo pena dele. Você está em grande dificuldade.

— Que quer dizer você, Harry?

— Não sei ainda — respondi. Ainda não resolvi tudo.

Sentamo-nos lá durante algum tempo e eu não me sentia disposto a falar mais com Eddy. Uma vez que o conhecia, era-me difícil falar-lhe. Desci e apanhei a *pump-gun* e a *Winchester* 30-30, que sempre guardava embaixo, na cabina. Coloquei-as em suas caixas, no alto da cabina de comando, onde geralmente pendurávamos as varas, exatamente sobre o leme, onde eu as poderia alcançar. Guardei-as naquelas compridas caixas de lã de carneiro, com a lã de dentro molhada em óleo. É essa a única maneira de guardá-las sem que se enferrugem, num barco.

Soltei a mola e fi-la funcionar algumas vezes; em seguida, enchi-a e fiz uma bala ir para o cano. Coloquei uma bala na câmara da *Winchester* e enchi o depósito. Tirei de baixo do colchão o *Schmith and Wesson* trinta e oito especial que eu tinha quando estava na força policial em Miami; limpei-o, engraxei-o, enchi-o e coloquei-o na cintura.

— Que acontece? — perguntou Eddy. Que diabo está acontecendo?

— Nada — respondi.

— Para que todas essas malditas armas?

— Eu sempre as tenho a bordo. Para atirar em pássaros que atacam a isca, para disparar contra tubarões ou para cruzar ao longo dos recifes.

— Que diabo está acontecendo? — insistiu Eddy. Que está acontecendo?

— Nada — respondi.

Sentei-me com o velho trinta e oito batendo-me na perna quando o barco balançava. Olhei para Eddy. Pensei: não há senso em fazer tal coisa, agora que vou precisar dele.

— Vamos fazer um trabalhinho, expliquei-lhe. No Bacuranao. Quando chegar o momento, eu lhe direi o que fazer.

Não desejava explicar as coisas muito antes, porque, eu sabia, ele ficaria preocupado e muito assustado para ser de qualquer utilidade.

— Você não poderia ter ninguém melhor do que eu, Harry — disse-me. Eu sou o homem que lhe serve. Estou com você em qualquer coisa.

Olhei, por um momento, esse homem alto, rameloso, trêmulo e nada disse.

— Ouça, Harry. Quer me dar um gole, um só? — pediu Eddy. Eu não quero ter tremores.

Dei-lhe um gole. Sentamos e esperamos que escurecesse. Era um belo crepúsculo e soprava uma brisa ligeira e agradável. Quando o sol declinou bastante, pus o motor em movimento e dirigi o barco lentamente para terra.

Capítulo IV

Paramos a cerca de uma milha da costa, no escuro. A corrente havia refrescado, com o cair do sol, e eu pude vê-la correndo. Podia avistar, ainda, a luz do Morro, mais embaixo, a oeste, e o brilho de Havana. As luzes que ficavam do lado oposto a nós eram de Rincón e Baracoa. Dirigi o barco contra a corrente até passarmos por Bacuranao e quase até Cojimar. Em seguida, deixei-o vogar. Estava muito escuro, mas eu podia dizer, perfeitamente, onde estávamos. Eu mantinha todas as luzes apagadas.

— O que vai ser, Harry? — perguntou-me Eddy, que estava começando de novo a ficar assustado.

— Que pensa?

— Não sei — disse Eddy. Você me faz ficar preocupado.

Estava bastante perto de ter tremores e, quando se aproximou, tinha um hálito horrível.

— Que horas são?

— Vou descer para ver.

Voltou pouco depois e disse que eram nove e meia.

— Está com fome? — perguntei.

— Não. Você sabe que eu não poderia comer, Harry.

— Está bem, disse-lhe. Pode tomar um.

Depois que o tomou, perguntei-lhe como se sentia. Respondeu que se sentia muito bem.

— Vou lhe dar mais um par dentro em pouco — falei-lhe. Sei que você não tem coragem a não ser quando toma alguma coisa e não há muita bebida a bordo. É melhor portanto, não se excitar.

— Conte-me do que se trata — pediu Eddy.

— Ouça — disse, falando-lhe no escuro. Vamos a Bacuranao apanhar doze chineses. Você tomará o leme quando eu lhe disser e fará o que eu mandar. Tomamos os chineses a bordo e fechamo-los embaixo, na frente. Vá lá agora e feche as escotilhas por fora.

Levantou-se e eu o vi como uma sombra em meio à escuridão. Quando voltou, disse-me:

— Harry, posso tomar, agora, um daqueles?

— Não — respondi. Quero que fique animado pela bebida. Não quero que fique inútil.

— Eu sou um bom homem, Harry. Você verá.

— Você é um bêbado. Ouça. Um chinês vai trazer os outros doze. Ele me dará algum dinheiro no início. Quando tudo estiver a bordo, dar-me-á mais algum dinheiro. Quando você o vir entregar-me o dinheiro da segunda vez, ponha o barco em movimento e dirija-o para o alto mar. Não preste atenção ao que acontecer. Mantenha-o navegando, aconteça o que acontecer. Compreende?

— Sim.

— Se algum chinês começar a arrebentar a porta para sair da cabina ou aparecer na escotilha, depois de termos partido, você apanha aquela *pump-gun* e fá-lo voltar tão depressa quanto apareceu. Sabe usar a *pump-gun*?

— Não, mas pode ensinar-me.

— Nunca se lembraria. Sabe usar a *Winchester*?

— Basta puxar o gatilho e disparar.

— Isso mesmo. Não me abra buraco algum no casco.

— Faria melhor em me dar aquele outro gole, disse Eddy.

— Está bem. Vou dar-lhe um pequeno.

Dei-lhe um verdadeiro gole. Sabia que isso não o deixaria bêbedo naquele momento, com todo o medo que sentia. Cada gole faria efeito durante algum tempo. Depois de beber, disse, como se estivesse muito satisfeito:

— Então, vamos transportar chineses? Bem, por Deus, eu sempre falei que transportaria chineses quando estivesse quebrado.

— Mas nunca antes esteve quebrado, hein? — perguntei-lhe.

Ele era realmente engraçado. Dei-lhe mais três goles para mantê-lo animado antes das dez e meia. Era engraçado observá-lo e isso evitava que eu pensasse no caso. Eu não havia calculado toda essa espera. Havia planejado partir depois do escurecer, afastar o suficiente para ficar fora da claridade e navegar ao longo da costa até Cojimar.

Pouco antes das onze horas, vi as duas luzes aparecerem no ponto marcado. Esperei um pouco e, em seguida, aproximei o barco lentamente. Bacuranao é uma enseada onde havia um grande cais para embarque de areia. Há um pequeno rio que corre para a enseada quando as chuvas abrem a barra através da embocadura. O vento norte, no inverno, empilha a areia e fecha a barra. Costumavam ir até lá com escunas e carregar goiabas. Havia também uma cidade, mas o furacão arrasou-a, desaparecendo tudo. Resta apenas uma casa que alguns galegos construíram com o material dos prédios derrubados pelo furacão e que usam como clube quando vão de Havana para lá aos domingos, nadar e realizar convescotes. Existe, ainda, outra casa, onde mora o delegado, mas fica muito mais distante da praia.

Cada lugarzinho como aquele, ao longo de toda a costa, tem um delegado do governo, mas calculei que os chineses usariam seu próprio barco.

— Vá lá para frente — disse a Eddy.

— Você não poderá bater em nada deste lado, respondeu-me. Os escolhos ficam do outro quando se entra.

Compreende-se, ele havia sido outrora um bom homem.

45

— Vigie-o — recomendei-lhe, enquanto dirigia o barco para um ponto onde sabia que nos poderiam avistar. Não havendo ressaca, poderiam ouvir o motor. Não desejava ficar esperando, sem saber se nos tinham visto ou não. Por isso, acendi as luzes por um momento, mas apenas a verde e a vermelha, apagando-as em seguida. Virei o barco, dirigi-o novamente para fora e lá parei com o motor apenas funcionando. Havia apenas pequenas ondas àquela pequena distância da costa.

— Volte para cá — disse a Eddy, a quem dei, então, um verdadeiro gole.

— Você a arma primeiro com seu dedo? — perguntou-me, cochichando.

Eddy estava agora sentado ao leme e eu havia apanhado ambas as caixas. Abrira-as e puxei as coronhas para fora, até umas seis polegadas.

— Está certo.

— Oh, ótimo — disse-me Eddy.

Era certamente maravilhoso o que um gole podia fazer-lhe e como fazia efeito depressa.

Permanecemos lá e eu podia ver uma luz na casa do delegado, ao fundo, além do mato. Vi as duas luzes abaixarem e uma delas mover-se ao redor do ponto. Deviam ter apagado a outra.

Pouco depois, vi um bote saindo da enseada e navegando em nossa direção, com um homem remando. Podia ver isso pela forma como ele se inclinava para diante e para trás. Sabia que o sujeito tinha um grande remo. Fiquei bastante satisfeito. Se estivessem remando, isso significaria um homem.

Encostaram ao lado do barco.

— Boa noite, capitão — disse o senhor Sing.

— Vão para a popa e encostem o bote — disse-lhe eu.

O senhor Sing falou qualquer coisa para o rapaz que remava, mas este não pôde fazer o bote voltar. Tomei por isso o alcatrate e puxei o bote para a popa. Havia oito homens no bote. O seis chineses, o senhor Sing e o rapaz que remava. Enquanto puxava o bote para a popa, esperava que alguém me atirasse no alto da cabeça, mas nada aconteceu. Endireitei-me e deixei o senhor Sing subir para a popa.

— Deixe-me ver que aparência tem — disse-lhe.

Entregou-me o pacote, que levei até onde estava Eddy, ao lado do leme. Acendi a luz da bitáculo e examinei cuidadosamente o pacote. Pareceu-me direito e tornei a apagar a luz. Eddy estava tremendo.

— Tome um gole — falei-lhe.

Vi-o apanhar a garrafa e levá-la aos lábios. Voltei para a popa.

— Está bem — disse. Deixe os seis subirem para bordo.

O senhor Sing e o cubano que remava estavam tendo dificuldade em impedir que seu bote fosse inundado pelas pequenas ondas que havia. Ouvi o senhor Sing dizer qualquer coisa em chinês e todos os seus compatriotas do bote começaram a subir para a proa.

— Um de cada vez, recomendei.

O senhor Sing disse mais alguma coisa e os seis chineses subiram, um por um, para a proa. Eram de todos os tamanhos e alturas.

— Mostre-lhes o caminho — disse a Eddy.

— Por aqui, cavalheiros — falou Eddy.

Por Deus, compreendi que havia tomado um grande gole.

— Feche a cabina, ordenei-lhe, quando todos já estavam dentro.

— Sim, senhor — respondeu Eddy.

— Voltarei com os outros — explicou o senhor Sing.

— O.K.

Puxei o bote até deixá-lo livre e o rapaz começou a remar.

— Ouça — disse a Eddy, deixe aquela garrafa. Você já está bastante animado agora.

— O.K., chefe.

— Que acontece com você?

— É isto que eu gosto de fazer — respondeu Eddy. Disse-me que o puxou para trás com seu próprio dedo?

— Você, bêbado porco, dê-me um gole daqueles.

— Acabou tudo, respondeu Eddy. Sinto muito, chefe.

— Ouça. Tudo o que tem a fazer agora é observar quando ele me entregar o dinheiro e lançar o barco para frente.

— O.K., chefe.

Apanhei a outra garrafa, peguei o sacarrolha e destampei-a. Tomei um bom gole e voltei para a popa. Fechei bem a garrafa com a rolha e coloquei-a por trás de dois jarros cheios de água.

— O senhor Sing vem vindo — avisei a Eddy.

— Sim, senhor.

O bote vinha avançando em nossa direção.

Dirigiram-se para a proa e eu os deixei segurar. O senhor Sing segurou-se no cilindro que tínhamos atravessado na popa para fazermos escorregar para bordo os peixes grandes.

— Deixe-os subir para bordo, disse eu. Um de cada vez. Mais seis chineses sortidos subiram para bordo pela popa.

— Saia daí e leve-os para a frente, ordenei a Eddy.

— Sim, senhor — respondeu.

— Feche a cabina.

— Sim, senhor.

Vi que Eddy já estava de novo no leme.

— Muito bem, senhor Sing, disse eu. Vamos ao resto.

O senhor Sing enfiou a mão no bolso e estendeu o dinheiro em minha direção. Estiquei o braço e agarrei seu pulso junto com o dinheiro que estava na mão. Com a outra mão, agarrei sua garganta, quando ele se inclinou sobre a proa. Senti o barco pôr-se em movimento e em seguida saltar para frente, quando se curvou para cima. Eu estava muito ocupado com o senhor Sing, mas pude ver o cubano em pé na proa do bote, segurando o remo, enquanto nos afastávamos em meio a todas as sacudidas e saltos que o senhor Sing dava. Saltava e agitava-se mais que um golfinho apanhado no arpão.

Entortei seu braço por trás das costas e virei-o para cima, mas levei-o até muito longe, pois senti que me estava escapando. Tendo o braço amolecido de todo, o senhor Sing fez um barulhinho estranho e investiu para frente. Embora eu o mantivesse seguro pela garganta e tudo o mais, mordeu-me no ombro. Quando senti, porém, que o braço quebrara, larguei-o. Não lhe seria mais de qualquer utilidade. Segurei-o pela garganta com ambas as mãos e, irmão, aquele senhor Sing agitava-se como um peixe, com o braço solto, balançando. Forcei-o a curvar-se para frente e ajoelhar. Pus ambos os polegares bem por trás de sua boca e puxei tudo para trás até estalar. Não me digam também que não se podem ouvir tais estalos.

Segurei-o, imóvel, durante um segundo e em seguida, deixei-o cair sobre a popa. Lá ficou, com o rosto voltado para cima, inconsciente, com suas belas roupas, os pés dentro da cabina do leme; deixei-o.

Apanhei o dinheiro que estava no chão da cabina, acendi a luz da bitácula e contei-o. Tomei, então, o leme e disse a Eddy para procurar na popa alguns pedaços de ferro que eu usava para ancorar sempre que pescávamos em lugares onde o leito do mar era duro ou rochoso e não desejávamos arriscar uma âncora.

— Não consigo encontrar coisa alguma — disse Eddy, que estava com medo de ficar lá com o senhor Sing.

— Tome o leme — disse-lhe. Leve o barco para fora.

Notava-se certo movimento embaixo, mas eu não estava assustado com os chineses.

Achei um par de pedaços do que precisava, ferros do antigo cais de carvão de Tortugas. Apanhei uma corda bem forte e amarrei os pedaços de ferro aos tornozelos do senhor Sing. Quando já estávamos a umas duas milhas de distância da costa, fiz o corpo deslizar para fora. Escorregou maciamente pelo cilindro. Nem mesmo olhei em seus bolsos. Não me sentia disposto a enganá-lo.

Havia sangrado um pouco pelo nariz e pela boca, caindo o sangue na proa. Apanhei um balde d'água, que quase me fez cair ao mar, devido à maneira como navegávamos, e limpei o sangue com uma escova que havia na popa.

— Diminua a velocidade — ordenei a Eddy.

— E se ele boiar? Perguntou Eddy.

— Lancei-o num ponto onde há quase setecentas braças — respondi. Ele vai mergulhar tudo isso. São muitas braças, irmão. Não boiará até que o mar o traga para cima e durante todo o tempo vai ser arrastado pela corrente e mordido por peixes. Diabo, não precisa preocupar-se com o senhor Sing.

— Que tinha você contra ele? Perguntou-me Eddy.

— Nada — respondi. Era o homem mais fácil para se fazer negócios que já conheci. Desde o começo, julguei que havia alguma coisa errada.

— Por que o matou?

— Para evitar de matar os outros doze chineses.

— Harry, pediu-me Eddy, precisa dar-me mais um, porque posso sentir que os tremores vêm vindo. Deixou-me doente ver a cabeça dele solta daquela maneira.

Dei-lhe, então, um gole.

— Que vai fazer com os chineses?

— Desejo pô-los para fora o mais depressa possível, antes que façam a cabina ficar cheirando.

— Onde vai deixá-los?

— Vamos levá-los diretamente para a praia grande.

— Dirijo o barco para lá agora?

— Certamente. Vá devagar.

Navegamos lentamente entre os escolhos, para o ponto onde eu podia ver a praia brilhando. Havia muita água sobre os escolhos e, por baixo, era um fundo de areia e um leito inclinado que levava até a praia.

— Vá até lá na frente e veja a profundidade.

Eddy começou a sondar com uma vara de pesca, fazendo-me sinais com a vara. Voltou e acenou-me para parar. Dei marcha a ré ao barco.

— Há, mais ou menos, cinco pés.

— Temos de ancorar — disse eu. Se acontecer alguma coisa que não nos dê tempo de levantar a âncora, podemos soltá-la ou cortar a corda.

Eddy soltou a corda e quando, finalmente, a âncora atingiu o fundo, prendeu-a. O barco inclinou-se na proa.

— É fundo arenoso, como sabe — disse Eddy.

— Quanto temos de água na proa?

— Não mais de cinco pés.

— Apanhe a arma — disse-lhe. E tenha cuidado.

— Deixe-me tomar um gole — pediu.

Estava muito nervoso. Dei-lhe um gole e apanhei a *pumpgun*. Virei a chave da porta da cabina, abri-a e disse:

— Saiam.

Nada aconteceu.

Em seguida, um chinês pôs a cabeça para fora e, vendo Eddy em pé com a arma nas mãos, tornou a desaparecer.

— Saiam! Ninguém vai feri-los — gritei.

Nada. Apenas muita conversa em chinês.

— Saiam vocês! — gritou Eddy.

Meu Deus, compreendi que ele havia apanhado a garrafa.

— Deixe de lado essa garrafa ou faço-o saltar para fora do barco — disse a Eddy.

Voltando, então, para os chineses, disse:

— Saiam, senão atiro.

Saíram.

Digo-lhes agora que seria necessário um diabo de um homem perverso para assassinar um monte de chineses como aqueles. Aposto como haveria também bastante dificuldade.

Saíram e estavam assustados. Não tinham arma alguma com eles, mas eram doze. Caminhei de volta para a popa, segurando a *pump-gun*.

— Saltem do barco. Não têm outra coisa a fazer.

Ninguém se moveu.

— Terão de saltar.

Os pobres diabos continuaram imóveis.

— Estrangeiros amarelos, comedores de ratos — disse Eddy. Saltem do barco.

— Cale a boca, bêbado — disse-lhe eu.

— Não nada — disse um dos chineses.

— Não precisa nadar — respondi. Não é fundo.

— Vamos, saltem do barco, insistiu Eddy.

— Venha aqui para a popa — ordenei ao meu auxiliar. Segure sua arma com uma mão; com a outra pegue a vara e mostre-lhes a profundidade da água.

Eddy mostrou-lhes, levantando a vara úmida.

— Não precisa nadar? Perguntou outro chinês.

— Não.

— Verdade?

— É.

— Onde estamos?

Cuba.

— Você, maldito canalha — disse o chinês, dirigindo-se para a amurada, onde se segurou, saltando em seguida.

Sua cabeça afundou, mas emergiu de novo e o queixo ficou fora d'água, do lado da popa.

Estava enfurecido e muito bravo. Disse qualquer coisa em chinês e os outros começaram a saltar para a água do lado da popa.

— Está bem — disse a Eddy. Levante a âncora.

Quando dirigimos o barco para fora, a lua começava a aparecer e era possível ver os chineses com apenas as cabeças fora d'água, caminhando para a praia. Ao fundo, via-se a praia brilhando e o mato por trás.

Passamos pelos escolhos e eu olhei para trás uma vez, vendo, então, a praia e as montanhas que começavam a aparecer. Em seguida, pus o barco em sua rota para Key West.

— Agora pode dormir um sono, disse a Eddy. Não, espere. Vá lá embaixo, abra todas as escotilhas, para deixar sair o fedor, e traga o iodo.

— Que aconteceu? — perguntou, quando trouxe o iodo.

— Cortei o dedo.

— Quer que eu tome o leme?

— Durma um sono, respondi. Eu o acordarei.

Deitou-se na cama embutida da cabina do leme, sobre o tanque de gasolina, e dentro em pouco estava adormecido.

Capítulo V

Segurei o leme com o joelho e, abrindo a camisa, examinei onde o senhor Sing me havia mordido. Era uma boa mordida. Pus iodo e, em seguida, sentei-me com o leme nas mãos, pensando se a mordida de um chinês seria venenosa e ouvindo o barco deslizar suave e manso, com a água correndo a seu lado. Pensei: Diabo, não. Aquela mordida não era venenosa. Um homem como o senhor Sing provavelmente escovava os dentes duas ou três vezes ao dia. Aquele senhor Sing... Certamente não tinha muito de homem de negócio. Talvez tivesse. Talvez apenas houvesse confiado em mim. Digo-lhes que não poderia imaginá-lo.

Bem, tudo agora era muito simples, exceto quanto a Eddy. Por ser um bêbado, fala demais quando está no fogo. Permaneci sentado, dirigindo o leme e observando Eddy. Pensei: Diabo, ele estará tão bem como da maneira que está e, em seguida, eu ficarei livre. Quando o descobri a bordo decidi que teria de eliminá-lo, mas, em seguida, tudo correu tão bem que não tive coração para fazer tal coisa. No entanto, olhá-lo deitado lá era certamente uma tentação. Pensei, então, que é absurdo a gente fazer alguma coisa de que se vai arrepender mais tarde. Comecei a pensar que Eddy nem sequer constava da lista de tripulantes e que eu teria de pagar uma multa por tê-lo a bordo e não sabia como considerá-lo.

Bem, eu tinha muito tempo para pensar. Mantive o barco na rota e, de vez em quando, tomava um gole da garrafa que Eddy trouxera para cima. Não havia muita bebida nela e, quando terminou, abri a única que ainda havia. Digo-lhes que me sentia muito bem dirigindo o leme e que era uma bela noite para se navegar. Havia se tornado finalmente uma viagem realmente boa, embora tivesse parecido muito má a maior parte do tempo.

Quando surgiu o dia, Eddy acordou. Disse que se sentia terrivelmente mal.

— Tome o leme um momento, disse eu. Quero dar uma olhada por aí.

Fui até a popa e joguei nela um pouco d'água. Estava perfeitamente limpa. Passei a escova sobre um dos lados. Descarreguei as armas e guardei-as embaixo. Conservei, porém, o revólver na cinta. Embaixo estava fresco e agradável, não se sentindo o menor cheiro. Um pouco d'água havia entrado pela escotilha de estibordo, molhando uma das camas. Fechei por isso as escotilhas. Não havia funcionário alfandegário no mundo que pudesse agora sentir cheiro de chinês naquela cabina.

Vi os papéis de saída do barco, numa bolsa de malha pendurada por baixo da licença emoldurada, onde os havia guardado quando viera para bordo, e tirei-os para examiná-los. Em seguida, dirigi-me para a cabina de comando.

— Ouça — perguntei a Eddy. Como conseguiu fazer parte da lista de tripulantes?

— Encontrei o despachante quando seguia para o consulado e disse-lhe que ia no barco.

54

— Deus protege os bêbados — disse-lhe. Em seguida, tomei o "trinta-e-oito" e desci a fim de guardá-lo.

Fiz um pouco de café e, subindo, tomei o leme.

— Há café lá embaixo — disse-lhe.

— Irmão, o café não me faria bem algum.

Compreende-se que a gente precisava ter pena dele. Parecia estar passando realmente mal.

Cerca de nove horas, avistamos a luz de Sandy Key mais ou menos à nossa frente. Estávamos vendo petroleiros subindo o golfo desde bastante tempo antes.

— Estaremos lá, dentro de um par de horas — disse a Eddy. Vou dar-lhe os mesmos quatro dólares por dia, como se Johnson tivesse pago.

— Quanto ganhou com o negócio da noite passada? — perguntou-me.

— Apenas seiscentos — respondi.

Não sei se acreditou ou não.

— Não tenho parte nisso?

— Essa é sua parte — respondi. Exatamente, o que lhe falei há pouco. E se abrir a boca a respeito do que aconteceu na noite passada, eu saberei e porei você fora do caminho.

— Sabe que não sou delator, Harry.

— Você é um bêbado. Não importa, porém, quanto beber, se jamais falar a respeito, eu lhe prometo isso.

— Sou um bom homem — disse ele. Não me devia falar dessa maneira.

— Nunca será possível fazer de você um bom homem — respondi-lhe.

No entanto, não estava mais preocupado com ele, pois quem o iria acreditar? O senhor Sing não faria qualquer queixa. Os chineses também não fariam. O rapaz que remava o bote, compreendem, também não faria. Não desejaria meter-se em dificuldades. Eddy falaria a respeito mais cedo ou mais tarde, talvez, mas quem acreditaria num bêbado?

E quem poderia provar qualquer coisa? Naturalmente haveria muito mais falatório quando vissem o seu nome na lista de tripulantes. Eu tivera sorte, realmente. Poderia ter dito que caíra do barco, mas sempre haveria muito comentário. Fora muita sorte de Eddy também. Muita sorte, realmente.

Chegamos, então, à orla da corrente e a água deixou de ser azul para tornar-se ligeiramente esverdeada. Eu podia ver os postes no Eastern, as Western Dry *Rocks*, os postes telegráficos em Key West, o hotel de La Concha, destacando-se acima de todas as casas baixas, e bastante fumaça saindo do lugar onde queimavam o lixo. A luz de Sandy Key estava, agora, bastante próxima e eu podia ver o depósito de barcos, assim como o pequeno cais ao lado da luz. Sabia que tínhamos de navegar apenas mais quarenta minutos e sentia-me bem por estar voltando.

— Que diz de um gole, Eddy? — perguntei-lhe.

— Ah, Harry — respondeu. Sempre soube que você era meu camarada.

Naquela noite, já estava sentado na sala de visitas, fumando um charuto, bebendo um wisky com água e ouvindo Grecie Allen no rádio. As meninas haviam ido à exposição e, sentado lá, eu me sentia sonolento. Sentia-me bem. Alguém apareceu diante da porta da frente e Marie, minha esposa, levantou-se de onde estava sentada para ver quem era. Quando voltou, disse:

— É aquele bêbado, Eddy Marshall. Diz que precisa ver você.

— Diga-lhe para ir embora antes que eu o faça correr — respondi.

Marie voltou e sentou-se novamente. Olhando pela janela do lugar onde estava sentado com os pés erguidos, pude ver Eddy seguindo ao longo da rua, sob as lâmpadas, acompanhado por outro bêbado. Os dois caminhavam vacilantes e suas sombras vacilavam ainda mais.

— Pobres bêbados — disse Marie. Tenho pena de bêbado.

— Ele é um bêbado de sorte.

— Não há bêbados de sorte — disse Marie. Sabe disso Harry.

— Não — respondi. Creio que não há.

Segunda Parte

HARRY MORGAN

(Outono)

Capítulo VI

Vieram através da noite e soprava uma forte brisa do noroeste. Quando o sol se ergueu, ele avistou um petroleiro descendo o Golfo, erguendo-se tão alto e branco sob o sol que, naquele ar frio, parecia como se fossem altos edifícios surgindo do mar. E ele disse ao negro:

— Onde diabo estamos?

O negro levantou-se e olhou.

— Não é nada parecido com este lado de Miami.

— Sabe perfeitamente bem que não estamos sendo levados para Miami nenhum — disse ele ao negro.

— Tudo o que sei é que não há edifícios como aqueles nos recifes da Flórida.

— Estamos navegando para Sandy Key.

— Teremos de vê-lo, então. Ou os baixios americanos.

Dentro em pouco, viu que era um petroleiro e não edifícios. Em seguida, menos de uma hora depois, avistou a luz de Sandy Key, direta, fina e castanha, erguendo-se do mar exatamente no ponto onde devia estar.

— Você precisa ter confiança quando dirige um barco — disse ele ao negro.

— Eu tinha confiança — respondeu o negro. Mas, da forma como ocorreu esta viagem, não tenho mais confiança.

— Como está a perna?

— Dói todo o tempo.

— Isso não é nada — disse o homem. Conserve-a limpa e enfaixada que sarará por si.

Dirigia o barco para oeste, agora, a fim de ir deitar âncora durante o dia entre as algas ao lado de Woman Key, onde não veria ninguém e onde o bote deveria ir encontrá-los.

— Vamos ficar completamente bons — disse ao negro.

— Não sei — respondeu o negro. Eu estou seriamente ferido.

— Vou arranjar para que você fique bom quando chegarmos. Você não ficou seriamente ferido pelo tiro. Deixe de se preocupar.

— Fui baleado — insistiu o negro. Nunca antes havia sido baleado. De qualquer forma, que eu seja baleado é muito mau.

— Você está apenas assustado.

— Não, senhor. Estou baleado. E está doendo muito. Senti latejar durante toda a noite.

O negro continuou a resmungar dessa maneira e não pôde deixar de retirar a atadura para olhar o ferimento.

— Deixe o ferimento em paz — disse o homem que tinha nas mãos o leme.

O negro estava deitado no soalho da cabina de comando, na qual havia sacos de bebida, em forma de presunto, empilhados por toda parte. Havia encontrado um lugar entre os sacos para se deitar. Toda vez que se mexia, ouvia-se o ruído de vidro quebrado e sentia-se o cheiro da bebida derramada. A bebida havia corrido por toda parte. O homem dirigia, agora, o barco para Woman Key. Podia ver claramente o lugar.

— Estou sentindo dores — disse o negro. Sinto dores cada vez maiores.

— Sinto muito, Wesley — disse o outro homem. Mas preciso dirigir o barco.

— Você não trata um homem melhor do que um cão — disse o negro.

O negro estava ficando mal-humorado. Mas, o outro homem ainda sentia pena dele.

— Vou fazer com que você se sinta confortável, Wesley. Fique quieto, deitado.

— Você não se importa com o que acontece a um homem — disse o negro. Não é humano.

— Vou fazer com que fique bom — disse o homem. Fique quieto apenas.

— Você não vai arranjar coisa alguma para mim — disse o negro.

O homem, cujo nome era Harry Morgan, nada disse no momento porque gostava do negro e não havia outra coisa a fazer senão espancá-lo. Agora, porém, não podia fazê-lo. O negro continuou falando:

— Por que não paramos quando começaram a disparar?

O homem não respondeu.

— A vida de um homem não vale mais que um carregamento de bebida?

O homem dedicava toda sua atenção ao leme do barco.

— Tudo o que tínhamos a fazer era parar e deixar que tomassem a bebida.

— Não — respondeu o homem. Tomavam o licor e o barco, e a gente ainda ia para a cadeia.

— Não me importo com cadeia, afirmou o negro. Mas nunca desejei ser baleado.

O negro estava agora irritando os nervos do homem, cansado de ouvi-lo falar.

— Quem diabo está mais ferido? — perguntou. Você ou eu?

— Você está mais ferido — respondeu o negro. Mas eu nunca havia sido baleado. Eu nunca imaginei receber um tiro. Não sou pago para receber tiros. E não quero ser baleado.

— Não se exalte, Wesley, aconselhou o homem. Não lhe faz bem algum falar dessa maneira.

Iam se aproximando de Key. Achavam-se, agora, entre os baixios e, quando o homem dirigiu o barco pelo canal, era difícil ver qualquer coisa devido ao reflexo do sol sobre a água. O negro estava perdendo a cabeça ou tornando-se religioso, por estar ferido. O fato é que falava constantemente.

— Por que se transporta bebida agora? — disse. A proibição não existe mais. Por que mantêm um tráfico como esse? Por que não trazem a bebida no "ferry"?

O homem que segurava o leme observava cuidadosamente o canal.

— Por que as pessoas não são honestas e decentes? Por que não arranjam um meio de vida honesto e decente?

O homem viu que a água estava ondulando suavemente ao largo da margem, embora não pudesse ver a margem sob o sol. Virou o barco. Fez o barco dar um giro, virando o leme com um braço. Em seguida, o canal abriu-se e o homem levou o barco, lentamente, até a margem das algas. Fez os motores darem marcha a ré e lançou os dois prendedores.

— Posso lançar uma âncora — disse o homem. Mas não poderia levantar âncora alguma.

— Eu não posso nem me mover, queixou-se o negro.

— Você, certamente, está com um aspecto dos diabos — disse-lhe o homem.

Passou uns momentos difíceis removendo, levantando e lançando a pequena âncora, mas lançou-a e deu bastante corda. O barco encostou-se contra as algas, que ficaram exatamente na direção da cabina de comando. Em seguida, caminhou de um lado para outro na cabina. Considerou que a cabina tinha, de fato, uma aparência dos diabos.

Durante toda a noite, após ter enfaixado o ferimento do negro e deixado que este lhe enfaixasse o braço, ficara olhando a bússola e dirigindo o leme. Quando surgiu o dia, viu que o negro se achava deitado nos sacos, no meio da cabina; mas estava, então, olhando o mar e a bússola, procurando a luz de Sandy Key; não observara cuidadosamente as coisas, que não pressagiavam nada de bom.

O negro estava deitado, no meio do carregamento de bebida, com a perna levantada. Havia oito furos de balas através da cabina danificada. O vidro estava quebrado no pára-brisa. Não sabia quanta mercadoria havia sido quebrada. Onde o negro não havia sangrado, havia sangrado ele próprio. A pior coisa, porém, da maneira como se sentia no momento, era o cheiro de bebida. Tudo estava encharcado de bebida. Agora, o barco estava parado, imóvel, contra as algas, mas o homem não podia deixar de sentir a impressão do mar agitado em que haviam estado durante toda a noite no Golfo.

— Vou fazer um pouco de café — disse ao negro. Em seguida, arrumo novamente você.

— Não quero café algum.

— Eu quero — respondeu o homem.

Quando chegou embaixo, porém, começou a sentir vertigens e voltou de novo para o convés.

— Creio que não teremos café, disse.

— Quero um pouco d'água.

— Está bem.

Deu ao negro um pouco de água tirada de um garrafão.

— Por que quis continuar a correr quando eles começaram a disparar?

— E por que quiseram eles disparar? — perguntou por sua vez, o chefe.

— Quero um médico — disse o negro.

— Que poderá um médico fazer-lhe que eu já não lhe tenha feito?

— O médico vai curar-me.

— Teremos um médico esta noite, quando o bote chegar.

— Não quero esperar bote algum.

— Está bem — disse o homem. Vamos, agora, descarregar esta bebida.

Começou a descarregar, o que era trabalho difícil para quem dispunha de apenas uma mão. Um saco de bebida pesa apenas quarenta libras, mas não havia descarregado muitos deles quando começou novamente a sentir vertigens. Sentou-se na cabina de comando e, em seguida, deitou-se.

— Vai matar — comentou o negro.

O homem permaneceu deitado, imóvel na cabina, com a cabeça encostada em um dos sacos. Os ramos das plantas marinhas haviam entrado na cabina e faziam sombra sobre o lugar onde ele se deitara. Podia ouvir o vento acima das plantas e, olhando para o alto, para o céu frio, viu as nuvens finas sopradas pelo vento do norte.

— Ninguém virá até aqui com este vento — disse. Não esperariam que tivéssemos partido com uma ventania desta.

— Pensa que virão? — perguntou o negro.

— Certamente — respondeu o homem. Por que não?

— Está ventando muito.

— Estão nos esperando.

— Não com este vento. Por que deseja mentir-me?

O negro falava com a boca quase encostada ao saco.

— Não se exalte, Wesley, disse o homem.

— Que eu não me exalte — continuou o negro. Que eu não me exalte. Por que não? Morrer como um cão e sem me revoltar? Você me pôs aqui. Tire-me daqui.

— Não se exalte — repetiu o branco bondosamente.

— Eles não virão — lamentou-se o negro. Sei que não virão. Estou sentindo frio, digo-lhe. Não posso suportar esta dor e este frio, estou-lhe dizendo.

O homem sentou-se, sentindo-se vazio e instável. Os olhos do negro o observavam quando levantou sobre um joelho, com o braço direito pendendo; tomou a mão direita com a esquerda, colocou-a entre os joelhos e levantou-se ao lado da prancha pregada sobre o alcatrate. Ficou, finalmente, em pé, olhando para baixo, para o negro, com a mão direita ainda colocada entre as coxas. Pensava que nunca antes havia realmente sentido dor.

— Se eu conseguisse estender o braço direito e, depois, o encolher, do mesmo modo, não doeria tanto — disse.

— Deixe-me amarrá-lo com uma atadura — disse o negro.

— Não posso curvar o cotovelo — disse o outro. Está endurecido dessa forma.

— Que vamos fazer?

— Descarregar esta bebida. Não lhe seria possível passar-me o que pudesse alcançar, Wesley?

O negro tentou mover-se para alcançar um saco, mas gemeu e tornou a deitar-se.

— Está, assim, tão ferido, Wesley?

— Oh, meu Deus! exclamou o negro.

— Já pensou que, quando se mover, doerá menos?

— Fui baleado — disse o negro. Não vou me mexer. Você deseja que eu vá descarregar bebida quando estou baleado?

— Não se exalte.

— Se disser isso mais uma vez, fico louco.

— Não se exalte, repetiu o homem calmamente.

O negro soltou um rugido e, arrastando as mãos sobre o convés, apanhou a pedra de amolar que estava embaixo das braçolas.

— Eu o mato — disse. Abro sua cabeça.

— Não com uma pedra de amolar — disse o homem. Não se exalte, Wesley.

O negro começou a chorar, com o rosto encostado em um saco. O branco continuou a erguer lentamente os fardos cheios de bebidas, lançando-os sobre a amurada do barco.

Capítulo VII

Enquanto estava descarregando a bebida, Morgan ouviu o ruído de um motor e, olhando, viu um barco que vinha em sua direção, descendo o canal ao redor da ponta dos recifes. Era um barco de cor branca, com uma cabina pintada de amarelo-claro e um pára-brisa.

— O barco vem vindo — disse. Venha, Wesley.

— Não posso.

— Estou me lembrando de agora em diante — disse o homem. Antes foi diferente.

— Continue lembrando — respondeu o negro. Eu não esqueci coisa alguma.

Trabalhando, agora, depressa, com o suor correndo pelo rosto, sem deixar de olhar o barco que descia lentamente o canal, o homem apanhava os sacos de bebida com seu braço bom e lançava-os sobre a amurada.

— Role para lá — disse o homem.

Apanhou o saco que estava sob a cabeça do negro e lançou-o sobre a amurada. O negro sentou-se.

— É o capitão Willie — observou o negro — com um grupo, pescando.

Na proa do barco de cor branca, dois homens vestidos de flanela e com chapéus de pano branco pescavam sentados em cadeiras próprias. Um deles de chapéu de feltro e uma viseira, segurava o leme e dirigia o barco de bebidas.

— Que diz você, Harry? — perguntou o velho quando o novo barco passou por perto.

Morgan respondeu qualquer coisa, agitando seu braço bom. O barco passou, com os homens que pescavam, olhando para o barco de bebidas e falando com o velho. Harry não podia ouvir o que diziam.

— Ele fará uma volta na embocadura e voltará — disse Morgan ao negro.

Desceu para dentro do barco e voltou — pouco depois, com um cobertor, dizendo:

— Deixe-me cobri-lo.

— Já era tempo de me cobrir. Eles não podiam deixar de ver aquela bebida. Que vamos fazer?

— Willie é um bom camarada — respondeu o homem. Contará ao pessoal na cidade o lugar onde estamos. Aqueles que estavam pescando não vão nos incomodar. Por que se importariam conosco?

Sentiu-se muito trêmulo e sentou-se no banco do leme, com o braço direito apertado entre as coxas. Seus joelhos tremiam e, com o tremor, podia sentir as extremidades do osso de seu braço irritadas. Afastou os joelhos, retirou o braço e deixou-o pender de um lado. Estava sentado assim, quando o barco passou, novamente, por eles, subindo o canal. Os dois homens que pescavam nas cadeiras estavam conversando. Haviam abandonado suas bobinas e um deles o fitava com o binóculo. Estavam muito longe para que pudesse ouvir o que diziam. De nada, também, lhe adiantaria se o pudesse.

A bordo do barco de aluguel "South Florida", pescando ao longo do canal de Woman Key, porque era muito perigoso sair dos recifes, o capitão Willie Adams pensava: "Então, Harry fez a travessia na noite passada. Aquele rapaz tem 'cojones'. Deve ter apanhado todo aquele vento. O barco é mesmo de alto mar."

— Como teria ele quebrado aquele pára-brisa? Eu é que não faria a travessia numa noite como a de ontem. Que o diabo me carregue se jamais eu transportar bebida de Cuba. Trazem-na, agora, toda de Mariel. Afirma-se que tudo é feito, absolutamente, às claras.

— Que disse, capitão?

— Que barco é aquele? — perguntou um dos homens sentados nas cadeiras de pesca.

— Aquele barco?

— Sim, aquele barco.

— Oh, é um barco de Key West.

— O que desejo saber é a quem pertence aquele barco.

— Não sei.

— O proprietário é pescador?

— Bem, alguns dizem que é.

— Que quer dizer com isso?

— Ele faz um pouco de tudo.

— Não sabe seu nome?

— Não, senhor.

— Mas chamou-o de Harry.

— Eu não.

— Ouvi-o chamá-lo pelo nome de Harry.

O capitão Willie Adams olhou para o homem que lhe estava falando. Viu um rosto muito vermelho, de maçãs altas e lábios finos, com profundos olhos cinzentos e uma boca desdenhosa, fitando-o por baixo de um chapéu de lona branca.

— Devo tê-lo chamado assim por engano — disse o capitão Willie.

— Pode ver que aquele homem está ferido, doutor — disse o outro homem, entregando o binóculo a seu companheiro.

— Posso ver isso sem binóculo — respondeu o homem que fora chamado de doutor. Quem é aquele homem?

— Não sei — disse o capitão Willie.

— Bem, ficará sabendo — disse o homem de boca desdenhosa. Anote os números da popa.

— Já os anotei, doutor.

— Vamos até lá dar uma olhada — disse o doutor.

— O senhor é um doutor? — perguntou o capitão Willie.

— Não em medicina — respondeu o homem de olhos cinzentos.

— Se não é médico, não irei até lá.

— Por que não?

— Se ele quisesse que fôssemos até lá, teria feito sinais.

Se não nos quer lá, não é negócio nosso. Por aqui todos procuram interessar-se por seus próprios negócios.

— Muito bem. Creio, então, que se interessa pelos seus próprios. Leve-nos até aquele barco.

O capitão Willie continuou subindo o canal, com o Palmer de dois cilindros tossindo firmemente.

— Não me ouviu?

— Sim, senhor.

— Por que não obedece às minhas ordens?

— Que diabo o senhor pensa ser? — perguntou o capitão Willie.

— Não é essa a questão. Faça o que lhe digo.

— Quem o senhor pensa ser?

— Está bem. Para seu conhecimento, digo-lhe que sou um dos três homens mais importantes atualmente nos Estados Unidos.

— Então, que diabo está fazendo em Key West?

O outro homem saltou para frente, dizendo:

— Ele é Frederick Harrison.

— Nunca ouvi esse nome, respondeu o capitão Willie.

— Bem, então ouvirá, disse Frederick Harrison. E o mesmo acontecerá a todos os habitantes desta malcheirosa e úmida cidadezinha se eu tiver de arrancá-la pelas raízes.

— O senhor é um bom rapaz — disse o capitão Willie. Como chegou a ser tão importante?

— Ele é um dos maiores homens da administração, explicou o outro.

— Bobagem — disse o capitão Willie. Se ele é tudo isso, que está fazendo aqui em Key West?

— Veio, aqui, para descansar — explicou o secretário. Ele vai ser governador geral de...

— Chega, Willie, disse Frederick Harrison.

— Levar-nos-á, agora, até aquele barco — acrescentou sorrindo. Tinha um sorriso reservado para tais ocasiões.

— Não, senhor.

— Ouça-me, pescador amalucado. Tornar-lhe-ei a vida tão miserável...

— Sim, disse o capitão Willie.

— Você não sabe quem sou eu.

— Isso tudo não significa coisa alguma para mim, respondeu o capitão Willie.

— Aquele homem é um contrabandista de bebida, não é?

— Que é que o senhor acha?

— Provavelmente há uma recompensa para quem o prender.

— Duvido.

— É um infrator da lei.

— Tem família e precisa comer e alimentar os seus. O que se pode comer, com o pessoal trabalhando aqui, em Key West, para o governo, pois seis dólares e meio por semana?

— Ele está ferido. Isso significa que esteve em alguma trapalhada.

— A menos que se tenha baleado por brincadeira.

— Pode deixar desse sarcasmo. Vamos até aquele barco e tomaremos sob custódia o homem e seu barco.

— Para levá-lo aonde?

— A Key West.

— O senhor é uma autoridade?

— Já lhe disse quem é ele — declarou o secretário.

— Muito bem, disse o capitão Willie.

Empurrou o leme com toda força e virou o barco, aproximando-se tanto da margem do canal que a hélice ergueu uma nuvem de marga. Em seguida, desceu o canal, em direção ao lugar onde o outro barco estava encostado às algas.

— Tem uma arma a bordo? — perguntou Frederick Harrison ao capitão Willie.

— Não, senhor.

Os dois homens vestidos de flanela estavam, agora, em pé, olhando o barco de bebidas.

— Isto é um divertimento melhor do que pescar, hein, doutor? — observou o secretário.

— Pescar é absurdo, respondeu Frederick Harrison. Se a gente apanha um desses peixes-espada, que vai fazer com ele? Não é possível comê-lo. Isto, agora, é realmente interessante. Estou satisfeito em poder apreciar uma coisa dessas em primeira mão. Ferido como está, aquele homem não poderá fugir. Sair para o mar seria muito perigoso. Conhecemos seu barco.

— Vai capturá-lo realmente sozinho — observou o secretário, com admiração.

— E desarmado, além do mais — respondeu Frederick Harrison.

— Sem nenhuma daquelas bobagens de "G-men".

— Edgar Hoover exagera sua publicidade — disse Frederick Harrison. Creio que já lhe demos corda suficiente.

— Encoste no barco, acrescentou, dirigindo-se ao capitão.

Willie lançou para fora o cabo com o gancho e o barco ficou vogando.

— Hei! — gritou, voltando-se para o barco e acrescentando em seguida:

— Conservem suas cabeças abaixadas!

— Que é isso? — exclamou Harrison encolerizado.

— Cale-se — respondeu o capitão Willie e, gritando para o outro barco, acrescentou:

— Hei! Ouça! Vá para a cidade e não se preocupe. Não se incomode com o barco. Eles, apanharão o barco. Desembarque sua carga e vá para a cidade. Tenho aqui a bordo um sujeito que é uma espécie de espião de Washington. É mais importante que o Presidente, pelo que diz. Está querendo prendê-lo. Pensa que você é um contrabandista de bebidas. Tomou nota dos números do barco. Nunca o vi, por isso não posso saber quem você é. Não poderei identificá-lo...

Os dois barcos afastaram-se um do outro. O capitão Willie continuou gritando:

— Não sei onde fica este lugar onde o vi. Não saberia como voltar até aqui.

— O.K. — foi a resposta que saiu gritada do barco de bebida.

— Vou fazer este grande homem do governo ficar pescando até escurecer — gritou o capitão Willie.

— O.K.

— Ele gosta de pescar — gritou, ainda, o capitão Willie, com a voz quase partindo. Mas o filho da puta afirma que não pode comer os peixes.

— Obrigado, irmão — gritou a voz de Harry.

— Aquele sujeito é seu irmão? — perguntou Frederick Harrison, com o rosto muito vermelho, mas mantendo, ainda, intacto seu gosto por informações.

— Não, senhor — respondeu o capitão Willie. Quase todos os homens que vivem em barcos chamam-se de irmãos uns aos outros.

— Vamos para Key West — disse Frederick Harrison, mas sem grande convicção.

— Não, senhor — respondeu o capitão Willie. Os cavalheiros contrataram-me por um dia. Vou fazer com que recebam tudo o que pagaram com seu dinheiro. Chamaram-me de amalucado, mas eu farei com que seja cumprido o contrato de um dia inteiro.

— Leve-nos para Key West — ordenou Harrison.

— Sim, senhor — respondeu o capitão Willie. Mais tarde. Mas ouçam uma coisa: peixe-espada é tão bom para se comer quanto peixe-rei. Quando os vendíamos a rios para o mercado de Havana, recebíamos dez *cents* por libra, da mesma forma que com os peixes-rei.

— Cale a boca! — disse Frederick Harrison.

— Pensei que se interessasse por essas coisas, sendo um homem do governo. O senhor não está ligado aos preços das coisas que comemos ou algo semelhante? Não é isso? Fazendo-as custar mais caro ou coisa semelhante? Fazendo com que a comida custe mais e os peixes menos?

— Cale a boca! — repetiu Harrison.

Capítulo VIII

No barco de bebida, Harry havia descarregado o último saco.

— Dê-me a faca de peixe — pediu ao negro.

— Sumiu.

Harry apertou as partidas automáticas e pôs em funcionamento os dois motores. Havia colocado um segundo motor no barco quando começara a transportar bebidas na ocasião em que a depressão arruinara o negócio de barcos de aluguel para pesca. Apanhou a machadinha e, com a mão esquerda, cortou a corda da âncora. "Ela afundará e eles a apanharão quando vierem buscar a carga" — pensou Harry. "Levarei o barco para a Baía de Garrison e, se tiverem de tomá-lo, tomá-lo-ão. Preciso procurar um médico. Não quero perder meu braço e o barco ao mesmo tempo. A carga vale tanto quanto o barco. Uma pequena parte quebrou-se. Um pouco de bebida quebrada pode cheirar muito".

Puxou o gancho de bombordo para dentro e afastou-se das algas com a maré. Os motores funcionavam suavemente. O barco do capitão Willie estava duas milhas à frente e dirigia-se, então, para Boca Grande. "Creio que a maré está agora suficientemente alta para atravessar os lagos" — pensou Harry.

Recolheu o gancho de estibordo e os motores roncaram quando apertou o acelerador. Podia sentir a proa erguer-se e as algas verdes ondularem levemente junto ao barco quando este puxava a água de suas raízes. "Espero que não o tomem" — pensou. "Espero que seja possível consertar meu braço. Como poderia eu pensar que iriam contra nós, em Muriel, depois de termos podido ir e vir abertamente durante seis meses? Isso é negócio de cubano. Alguém não recebeu sua parte e, por isso fomos atirados. Foi mesmo negócio de cubano."

— Hei, Wesley! gritou, olhando para dentro da cabina de comando, onde o negro estava deitado com um cobertor por cima. Como está se sentindo?

— Meu Deus! — respondeu Wesley. Não poderia sentir-me pior.

— Sentir-se-á pior quando o médico procurar a bala — disse Harry.

— Você não é humano — gemeu o negro. Não tem sentimentos humanos.

"Aquele velho Willie é um bom camarada" — pensava Harry. "Um bom camarada realmente aquele velho Willie. Faríamos melhor se tivéssemos entrado ao invés de ficarmos esperando. Fui um bobo em esperar. Sentia-me tão tonto e doente que perdi o juízo."

Podia ver agora, à sua frente, o branco do hotel La Concha, os postes telegráficos e as casas da cidade. Podia ver os *ferries* ancorados no cais Trumbo, por onde daria a volta a fim de dirigir-se para a Baía de Garrison. "Aquele velho Willie"... — pensou. "Estaria fazendo com que passassem um mau pedaço. Quem seriam aqueles macacos? Maldito seja, se não me estou sentindo bem mal agora. Estou me sentindo bastante tonto. Faríamos bem se tivéssemos entrado. Faríamos bem se não tivéssemos esperado".

— Senhor Harry — disse o negro. Sinto muito não ter podido auxiliar a descarregar aquele material.

— Diabo — respondeu Harry. Negro algum vale nada quando é baleado. Você é um negro direito, Wesley.

Acima do rugido dos motores e do ruído alto e batido do barco cortando a água, sentia em seu coração um cântico estranho e surdo. Sempre sentia isso quando voltava para casa depois de uma viagem. "Espero que possam consertar este braço" — pensou. "Tenho muita coisa a fazer com este braço".

Terceira Parte

HARRY MORGAN

(Inverno)

Capítulo IX

Alberto fala.

Estávamos todos lá no bar de Freddie, quando aquele advogado, alto e magro, entrou e disse:

— Onde está Juan?

— Não voltou ainda — respondeu alguém.

— Sei que voltou e preciso vê-lo.

— Muito bem. Você indicou onde ele estava, fez com que fosse processado e, agora, vai defendê-lo, disse Harry. Não venha por aqui perguntando onde ele está. Provavelmente você o tem em seu bolso.

— Bolas para você — respondeu o advogado. Tenho um serviço para ele.

— Bem, vá procurá-lo em qualquer outro lugar — disse Harry. Aqui ele não está.

— Tenho um serviço para ele, é o que lhe digo — insistiu o advogado.

— Você não tem serviço para ninguém. Você só tem veneno.

Exatamente nesse momento, o velho de longos cabelos grisalhos caindo sobre o colarinho e que vende artigos de borracha, entrou para comprar um quarto de *pint*.

73

Freddie serviu-o e o velho, após tapar a garrafa com a rolha, transpôs apressadamente a rua levando-a.

— Que aconteceu a seu braço? — perguntou o advogado a Harry, que tinha a manga presa ao ombro.

— Não gostava da aparência dele, por isso, cortei-o — respondeu Harry.

— Você e quem mais?

— Eu e meu médico — respondeu Harry, que estivera bebendo e estava alongando um pouco a questão. Se cortassem os membros por terem estado em bolsos alheios, você não teria mais nem mãos nem pés.

— Que aconteceu para ser preciso cortá-lo? — perguntou o advogado.

— Não se exalte — recomendou Harry.

— Não, estou apenas perguntando. Que aconteceu e onde estava você?

— Vá amolar outro — disse Harry. Sabe onde eu estava e sabe o que aconteceu. Conserve a boca fechada e não me aborreça.

— Preciso conversar com você — disse o advogado.

— Então, converse.

— Não, lá atrás.

— Não quero conversar com você. Nada de bom pode sair de você. Você é veneno.

— Tenho algo para você. Algo bom.

— Está bem. Vou ouvi-lo de uma vez — aquiesceu Harry. É a respeito de que? Juan?

— Não. Nada a respeito de Juan.

Foram lá para trás, por trás da curva do bar, onde ficam os reservados e permaneceram quietos por um momento. Durante o tempo em que lá estiveram, a filha de Big Lucie entrou com aquela moça da cidade deles e com a qual sempre anda. Sentaram no bar e tomaram uma coca-cola.

— Disseram-me que não vão mais deixar moças saírem à rua depois das seis horas da noite e nenhuma moça entrar em qualquer um dos bares — disse Freddie para a filha de Big Lucie.

— Isso é o que dizem.

— Vai ficar uma cidade do inferno, observou Freddie.

— Cidade do inferno já é. A gente apenas sai um pouco para comer um sanduíche e tomar uma coca-cola, eles já nos prendem e multam em quinze dólares.

— É só isso que fazem agora — disse a filha de Big Lucie. Não há pessoa alguma decente. Ninguém com qualquer espécie de boa aparência.

— Se não acontecer alguma coisa a esta cidade, bem logo as coisas vão ficar más.

Nesse momento, Harry e o advogado voltaram. O advogado dizia:

— Então, você vai até lá?

— Por que não os traz aqui?

— Não. Eles não querem entrar. Lá fora.

— Está bem — respondeu Harry, dirigindo-se para o bar, enquanto o advogado saía.

— Que quer tomar, Al? — perguntou-me.

— "Bacardi".

— Dê-nos dois "bacardis", Freddie.

Harry voltou-se, em seguida, para mim e perguntou:

— Que está fazendo agora, Al?

— Trabalhando no serviço de socorro.

— Fazendo o quê?

— Cavando o esgoto. Levantando os trilhos velhos de bondes.

— Quanto ganha?

— Sete e meio.

— Por semana?

— Que pensou?

— Como vem beber aqui, então?

— Não bebi até que me convidou — respondi.

Aproximou-se mais de mim e perguntou:

— Quer fazer uma viagem?

— Depende do que se trata.

— Vamos conversar sobre isso.

— Está bem.

— Vamos até o carro — disse ele. Até logo, Freddie.

Respirava um pouco depressa, como sempre faz quando bebe. Eu caminhei a seu lado, pelo lugar onde a rua havia sido levantada e onde estivéramos trabalhando durante todo o dia, até a esquina onde estava seu carro.

— Entre — disse ele.

— Onde vamos? — perguntei.

— Não sei — respondeu Harry. Vou descobrir.

Subimos a Rua Whitehead, sem que Harry dissesse coisa alguma. No ponto central da cidade, virou para a esquerda e corremos através do centro até a Rua White, saindo, então, para a praia. Durante todo esse tempo Harry nada disse e nós entramos na estrada arenosa, que percorremos até o *boulevard* onde ele encostou o carro ao passeio e parou.

— Alguns desconhecidos querem alugar meu barco para fazer uma viagem, explicou-me.

— O pessoal da alfândega tem seu barco apreendido.

— Os desconhecidos não sabem disso.

— Que espécie de viagem?

— Dizem que querem levar alguém que precisa ir a Cuba tratar de um negócio e que não pode viajar nem de avião nem de navio. Bee-lips esteve me contando.

— Fazem sempre isso?

— Naturalmente. Sempre, desde a revolução. Parece tudo muito direito. Muita gente vai desse jeito.

— E o barco?

— Teremos de roubar o barco. Como sabe, não o guardam bem e, assim, posso sair com ele.

— Como vai tirá-lo da sub-base?

— Eu o tirarei.

— Como vamos voltar?

— Tenho de examinar isso. Se não está querendo ir, pode dizer.

— Estou muito disposto a ir, se houver algum dinheiro a ganhar.

— Ouça — disse Harry. Está ganhando sete dólares e meio por semana. Tem, na escola, três crianças que sentem fome ao meio-dia. Tem uma família com a barriga doendo e eu lhe dou uma oportunidade de ganhar algum dinheiro.

— Você não disse quanto de dinheiro. A gente precisa ganhar muito quando se arrisca.

— Não existe agora muito dinheiro em espécie alguma de riscos, Al — disse Harry. Olhe para mim. Eu costumava ganhar trinta e cinco dólares por dia durante toda a estação, levando gente a pescar. Agora, sou baleado, perco o braço e meu barco, transportando uma carga de malcheirosa bebida que mal vale tanto quanto meu braço. Deixe-me dizer-lhe porém: meus filhos não vão ficar com a barriga doendo e não vou cavar esgotos para o governo por menos dinheiro que o necessário para alimentá-los. Eu não poderia cavar esgotos de maneira alguma agora. Não sei quem fez as leis, mas sei que não há lei que mande alguém passar fome.

— Eu entrei na greve contra aqueles salários — respondi-lhe.

— E voltou depois ao serviço — disse-me. Disseram que vocês estavam fazendo greve contra a caridade. Você sempre trabalhou, não foi? Nunca pediu nada por caridade.

— Não existe trabalho algum — disse-lhe. Não existe em parte alguma trabalho cujo salário dê para viver.

— Por quê?

— Não sei.

— Nem eu. Mas minha família comerá enquanto os outros comerem. O que estão tentando fazer é conseguir que vocês, "conchs", passem fome até saírem daqui, para poderem queimar as cabanas e construir apartamentos, fazendo disto uma cidade de turistas.

— Você fala como um radical — disse-lhe eu.

— Não sou nenhum radical — respondeu-me. Estou aborrecido. Estou aborrecido há muito tempo.

— O fato de perder o braço o fez sentir-se melhor?

— Para o diabo o meu braço. Quem perde um braço perde um braço. Há coisas piores do que perder um braço. A gente tem dois braços e tem duas outras coisas. Um homem ainda é um homem com apenas um braço ou com apenas uma daquelas coisas. Para o diabo isso tudo. Não quero falar a respeito.

Depois de um minuto acrescentou:

— Eu ainda tenho aquelas duas outras coisas.

Pôs finalmente o carro em movimento, dizendo:

— Vamos ver aqueles camaradas.

Rodamos pelo *boulevard*, com a brisa soprando e poucos carros cruzando conosco. Sentíamos o cheiro das plantas marinhas mortas sobre o cimento nos pontos onde as ondas haviam passado sobre a parede do mar durante a maré alta. Harry dirigia com o braço esquerdo. Eu sempre gostara dele e viajamos juntos muitas vezes nos tempos antigos. Estava, porém, muito mudado desde que perdera o braço e que aquele sujeito vindo de Washington fizera um "affidavit" de que vira o barco descarregando bebida, o que levou o pessoal da alfândega a apreendê-lo. Quando estava num barco, Harry sempre se sentia bem, mas sem o seu sentia-se muito mal. Creio que ficara satisfeito por ter uma desculpa para roubá-lo. Ele sabia que não poderia conservar o barco, mas talvez, pudesse ganhar bastante dinheiro enquanto o tivesse em seu poder. Eu precisava de muito dinheiro, mas não queria meter-me em quaisquer dificuldades. Foi o que lhe disse:

— Sabe que não desejo meter-me em qualquer verdadeira dificuldade, Harry.

— Em que dificuldade maior do que aquela em que se encontra, agora, você poderá se meter? — perguntou-me. Que diabo de dificuldade existe pior do que passar fome?

— Eu não estou passando fome — respondi. Por que diabo você está sempre falando em passar fome?

— Talvez você não esteja, mas seus filhos estão.

— Pare com isso — disse-lhe. Trabalharei com você, mas não pode falar-me desse jeito.

— Está bem — respondeu. Mas veja bem se quer o serviço. Posso arranjar muitos homens nesta cidade.

— Eu quero — disse-lhe. Já lhe falei que quero.

— Então, anime-se.

— Anime-se você. É você quem está falando como um radical.

— Ah, anime-se. Nenhum de vocês "conchs" tem qualquer ânimo.

— Desde quando deixou de ser um "conch"?

— Desde quando tomei minha primeira boa refeição.

Estava agora falando o que realmente pensava e desde rapaz nunca tivera pena de ninguém. Também nunca tivera pena de si próprio.

— Está bem — disse-lhe.

— Não se exalte — recomendou-me.

À nossa frente, eu podia ver as luzes deste lugar.

— Vamos encontrá-los aí — disse-me Harry. Conserve a boca fechada.

— Vá para o diabo.

— Ah, não se exalte — disse quando entrávamos na pista e dirigíamo-nos para os fundos da casa. Era um fanfarrão e falava mal, mas sempre gostei realmente dele.

Paramos o carro no fundo e fomos para a cozinha, onde a esposa do homem estava cozinhando.

— Alô, Freda — disse-lhe Harry. Onde está Bee-lips?

— Está aí mesmo, Harry. Alô, Albert.

— Alô, senhora Richards.

Eu a conhecia desde quando estava na zona perdida, mas duas ou três das mulheres mais trabalhadoras da cidade haviam sido prostitutas e aquela era uma mulher trabalhadora, posso garantir-lhes.

— Seu pessoal está todo bem? — perguntou-me.

— Todos muito bem.

Atravessamos a cozinha e entramos na sala do fundo. Lá, Bee-lips, o advogado, e quatro cubanos estavam sentados a uma mesa.

— Sentem-se — disse um deles em inglês.

Era um rapaz de aparência rija, pesado, com um rosto grande e uma voz profunda, que saía da garganta. Podia-se ver que estivera bebendo.

— Qual é seu nome? — perguntou.

— Qual é o seu? — retrucou Harry.

— Está bem — disse o cubano. Seja da maneira que quiser. Onde está o barco?

— Está lá embaixo, na doca de "yachts" — respondeu Harry.

— Quem é esse? — perguntou o cubano, olhando para mim.

— Meu auxiliar — respondeu Harry.

O cubano olhava para mim e os outros cubanos para nós dois.

— Ele parece estar esfomeado — disse o cubano, rindo.

Os outros não riram.

— Quer um gole? — convidou o cubano.

— Aceito — respondeu Harry.

— O quê? "Bacardi"?

— O que estiverem bebendo — respondeu Harry.

— Seu auxiliar bebe?

— Tomarei um — respondi.

— Ninguém o convidou ainda — disse o cubano grande. Apenas perguntei se bebia.

— Ora, pare com isso, Roberto — disse um dos outros cubanos, um jovem, pouco mais que um rapazola. Não pode fazer coisa alguma sem ficar intratável? Acrescentou.

— Que entende por intratável? Apenas lhe perguntei se bebia. Quando contrata alguém, não lhe pergunta se bebe?

— Dê-lhe um gole — disse o outro cubano. Vamos conversar sobre negócios.

— Quanto quer pelo bote, batuta? — perguntou a Harry o cubano de voz profunda, chamado Roberto.

— Depende do que deseja fazer com ele — respondeu Harry.

— Levar-nos, os quatro, até Cuba.

— Até que ponto em Cuba?

— Cabañas. Perto de Cabañas. Ao longo da costa, abaixo de Mariel. Sabe onde é?

— Naturalmente — respondeu Harry. Apenas levá-los até lá?

— Só isso. Levar-nos até lá e deixar-nos em terra. Que diria se o contratássemos por dia e lhe garantíssemos duas semanas de contrato?

— Trezentos dólares.

— É muito.

— Quarenta dólares por dia e um depósito de mil e quinhentos dólares para o caso de acontecer alguma coisa ao barco. Devo esclarecê-lo?

— Não.

— Pagam a gasolina e o óleo, acrescentou Harry.

— Damos-lhe duzentos dólares para nos levar até lá e deixar-nos em terra.

— Não.

— Quanto quer?

— Já lhes disse.

— É muita coisa.

— Não, não é — afirmou Harry. Não sei quem são. Não sei qual é seu negócio e não sei quem os persegue. Precisarei cruzar o golfo duas vezes no inverno. De qualquer maneira, arrisco meu barco. Posso levá-los por duzentos e depositam mil dólares como garantia de que nada acontecerá ao barco.

— Isso é razoável, disse Bee-lips. Mais do que razoável.

Os cubanos começaram a falar em espanhol. Eu não os entendia, mas sabia que Harry podia entendê-los.

— Muito bem, disse o grande, chamado Roberto. Quando pode partir?

— Amanhã à noite, a qualquer hora.

— Talvez não desejemos ir antes de depois-de-amanhã à noite — disse um deles.

— Para mim está muito bem — respondeu Harry. Quero apenas que me informem com antecedência.

— Seu barco está em boa forma?

— Certamente, respondeu Harry.

— É um belo barco, disse o mais jovem dos cubanos.

— Onde o viu?

— O senhor Simmons, o advogado ali, mostrou-o para mim.

— Ah! disse Harry.

— Tome um gole — disse outro dos cubanos. Já esteve em Cuba muitas vezes?

— Algumas vezes.

— Sabe espanhol?

— Nunca aprendi — afirmou Harry.

Vi Bee-lips, o advogado, olhar para Harry, mas ele próprio era tão velhaco que sempre ficava mais satisfeito quando via alguém não dizer a verdade. Da mesma forma que, quando fora falar a Harry a respeito daquele negócio, não pudera dizer-lhe diretamente. Precisaria fingir que queria encontrar Juan Rodrigues, um pobre galego malcheiroso, capaz de roubar sua própria mãe e que Bee-lips fizera processar para poder defendê-lo.

— O senhor Simmons fala bem espanhol — disse o cubano.

— Ele teve educação.

— Sabe navegar?

— Posso ir e voltar.

— É pescador?

— Sim, senhor — respondeu Harry.

— Como pode pescar só com um braço? — perguntou o de rosto grande.

— A gente pode pescar duas vezes mais depressa — respondeu Harry. Desejam dizer-me mais alguma coisa?

— Não.

Todos estavam, agora, falando em espanhol.

— Então, vou-me embora — disse Harry.

— Eu lhe falarei alguma coisa a respeito do barco, disse Bee-lips a Harry.

— É preciso adiantar algum dinheiro — declarou Harry.

— Faremos isso amanhã.

— Bem, boa noite — disse Harry.

— Boa noite — respondeu o jovem, que falava de maneira agradável.

O de rosto grande não disse coisa alguma. Havia outros dois com fisionomias como de índios, que nada haviam dito durante todo o tempo, exceto para falar em espanhol com o de rosto grande.

— Encontrá-lo-ei mais tarde — disse Bee-lips.

— Onde?

— No Freddie.

Saímos e atravessamos novamente a cozinha. Freda perguntou:

— Como está Marie, Harry?

— Está bem agora — respondeu Harry. Agora está se sentindo bem.

Saímos. Entramos no carro e rodamos novamente pelo *boulevard*, sem falarmos coisa alguma. Harry estava, realmente, pensando em algo.

— Quer que o deixe em casa?

— Está bem.

— Vive agora na estrada do condado?

— Sim. Que pensa da viagem?

— Não sei — respondeu-me. Não sei se haverá mesmo alguma viagem. Encontrá-lo-ei amanhã.

83

Deixou-me diante da casa onde eu vivia. Entrei e mal havia aberto a porta, minha mulher já me estava dizendo o inferno por ficar até tarde na rua, beber e chegar atrasado para a refeição. Perguntei-lhe como poderia beber sem dinheiro e respondeu-me que eu devia ter aberto uma conta. Perguntei-lhe, então, se sabia de alguém que me desse crédito, quando eu estava trabalhando no serviço de socorro. Como resposta, disse-me para manter meu hálito de bêbado longe dela e sentou-se à mesa. Sentei-me também. As crianças haviam saído todas. A mulher levantou-se, trouxe-me a ceia e não me dirigiu a palavra.

Capítulo X

Harry.

Eu não quero me iludir, mas que escolha posso fazer? Agora não dão à gente qualquer oportunidade de escolha. Podia deixar as coisas correrem, mas que aconteceria depois? Não pedi nada disso, mas quando a gente tem de fazer uma coisa, precisa fazê-la. Provavelmente não levarei Albert. Ele é calado, é correto e é um bom homem num barco. Não fala com muita facilidade, mas não sei se deva levá-lo. Mas não posso levar um bêbado ou um negro. Preciso levar alguém em quem posso confiar. Se o fizer, dar-lhe-ei uma parte. Não posso, porém, contar-lhe, pois nesse caso não iria e eu preciso de alguém a meu lado. Seria melhor ir só. Em qualquer coisa, é sempre melhor sozinho, mas não julgo poder cuidar disso sem ajudar. Não há dúvida, porém, que seria muito melhor sozinho. Albert ficará em melhor situação se não souber coisa alguma. A única dificuldade é Bee-lips. Bee-lips sabe de tudo. Eles devem, no entanto, ter pensado nisso. Devem ter resolvido esse ponto. Pensam, por acaso, que Bee-lips seja tão estúpido a ponto de não saber o que eles pretendem fazer? Duvido. Naturalmente, talvez, não seja isso que pretendem fazer. Talvez não façam coisa alguma semelhante. Mas essa é a coisa que naturalmente fariam e eu ouvi aquela palavra. Se o fizerem, terão de fazer exatamente na hora em que fecha, pois, de outra forma, precisarão contar com o avião de guarda-costas que virá de Miami. Nesta época, às seis horas já está escuro. O avião não pode chegar até aqui em menos de uma hora. Depois de escurecer, tudo lhes correrá bem. Perfeitamente, se eu for levá-los, precisarei resolver a respeito do barco. Não será difícil tirá-lo, mas se descobrirem nesta noite, poderão encontrá-lo. De qualquer maneira, haverá bastante barulho. No entanto, nesta noite é a única oportunidade que tenho de tirá-lo. Posso fazê-lo com a maré e escondê-lo. Terei tempo, ainda, de verificar, se precisa de alguma coisa, se não lhe retiraram nada. Preciso, porém, pôr gasolina e água. Tenho, de fato, uma noite terrivelmente cheia. Em seguida, quando o tiver oculto, Albert precisará levá-los numa lancha rápida. Talvez a de Walton. Eu poderia alugá-la. Ou Bee-lips poderia alugá-la. Isso é melhor. Bee-lips pode auxiliar-me a conseguir a lancha esta noite. Bee-lips é a pessoa adequada para isso, pois, certamente, eles terão resolvido a respeito de Bee-lips. Devem tê-lo feito com toda a certeza. Suponha-se que tenham, também, resolvido a respeito de mim e de Albert? Algum deles teria aparência de marinheiro? Deixe-me pensar. Talvez, aquele de aspecto agradável. Possivelmente ele, aquele mais jovem. Preciso descobrir isso, pois, se resolverem eliminar Albert e eu desde o princípio, não haverá solução. Mais cedo ou mais tarde resolverão a nosso respeito. No golfo, porém, a gente julga bastante. Não estou calculando. Preciso pensar direito durante todo o tempo. Não posso cometer um erro. Nenhum erro. Nem uma vez. Bem, agora tenho realmente algo em que pensar. Algo a fazer e algo a pensar, além de perguntar a mim mesmo que diabo irá acontecer. Além disso, pergunto a mim mesmo o que acontecerá com toda aquela maldita coisa? Quando a tiverem realizado. Quando estivermos disputando. Quando tivermos uma oportunidade. Ao invés de ficar olhando tudo ir para o inferno. Sem bote algum para ganhar a vida. Aquele Bee-lips. Ele não sabe no que se meteu. Não tem a menor idéia sobre o que irá acontecer. Espero que apareça logo no Freddie. Tenho muita coisa a fazer nesta noite. Será melhor eu comer alguma coisa.

Capítulo XI

Eram mais ou menos nove e meia quando Bee-lips chegou ao bar. Podia-se ver que lhe haviam dado bastante bebida na casa de Richard, pois quando Bee-lips bebe, fica afetado e foi assim que chegou: afetadíssimo.

— Bem, *big-shot* — disse para Harry.

— Não me trate por *big-shot* — respondeu Harry.

— Quero falar com você, *big-shot*.

— Onde? Em seu escritório, lá no fundo? — perguntou Harry.

— Sim, lá no fundo. Há alguém lá no fundo, Freddie?

— Não, desde que existe aquela lei. Escute: até quando vão manter aquele negócio das seis horas?

— Por que não me contrata para fazer alguma coisa nesse sentido? — perguntou Bee-lips.

— Contratar você para o diabo — respondeu Freddie.

Os dois foram, então, lá para os fundos, onde ficam as cabinas e as caixas de garrafas vazias.

Havia uma lâmpada elétrica no fosso e Harry olhou em todos os reservados, que estavam escuros, para ver se não havia alguém.

— Bem — disse ele.

— Eles querem o barco para as últimas horas da tarde de amanhã — disse Bee-lips.

— Que vão eles fazer?

— Você sabe falar espanhol — observou Bee-lips.

— Não contou isso a eles porém?

— Não. Sou seu amigo. Sabe disso.

— Você enganaria sua própria mãe.

— Pare com isso. Veja o que lhe estou oferecendo.

— Quando você ficou assim, enfezado?

— Ouça, preciso de dinheiro. Preciso sair daqui. Estou liquidado aqui. Sabe disso, Harry.

— Quem não sabe disso?

— Sabe como estão financiando essa revolução, com ratos e tudo o mais.

— Sei disso.

— Isso é uma coisa do mesmo tipo. Estão fazendo tudo por uma boa causa.

— Sim. Mas esta cidade é esta cidade. Este lugar é onde você nasceu. Você conhece todos os que trabalham aqui.

— Não vai acontecer coisa alguma a ninguém.

— Com aqueles camaradas?

— Pensei que você tivesse *cojones*.

— Eu tenho *cojones*. Não se preocupe com meus *cojones*. Mas estou pensando em continuar vivendo aqui.

— Eu não — respondeu Bee-lips.

Jesus — pensou Harry. Ele próprio o disse.

— Vou-me embora — disse Bee-lips.

— Quando vai apanhar o barco?

— Esta noite.

— Quem o vai ajudar?

— Você.

— Onde vai colocá-lo?

— Onde sempre o coloquei.

* * *

Não houve dificuldade alguma para retirar o barco. Tudo foi tão simples quanto Harry pensara. O guarda-noturno fez suas rondas na hora e, no resto do tempo, permaneceu no portão do velho Estaleiro Naval. Chegaram às docas em um *skiff*: cortaram a corda que o prendia com a maré baixa e o barco saiu por si próprio, com o *skiff* rebocando-o. Fora, enquanto vogava no canal, Harry examinou os motores e verificou que apenas haviam desligado a porta dos distribuidores. Examinou a gasolina e verificou que tinha perto de cento e cinqüenta galões. Não haviam tirado coisa alguma dos tanques e o barco tinha exatamente a gasolina que restara depois da última travessia. Havia enchido os tanques antes de partirem e o barco gastara muito pouco, pois a viagem tivera de ser feita muito devagar devido ao mar agitado.

— Tenho gasolina na cabina, no tanque, disse a Bee-lips. Posso levar uma carga de garrafões no carro comigo e Albert poderá trazer outra se precisarmos. Vou levar o barco até o lago, no ponto onde a rodovia o atravessa. Poderão vir em automóvel.

— Eles querem que o barco esteja exatamente na Porter Dock.

— Como posso ancorar lá com um barco deste?

— Não pode. Não acredito, porém, que desejem realizar qualquer corrida em automóvel.

— Bem, bem, levo-o até lá nesta noite, encho os tanques e vejo de que precisa. Em seguida, posso sair com ele. Você alugará uma lancha rápida e levará os homens até o barco. Nessa ocasião, eu o terei levado até lá. Você, agora, vai remando; em seguida, vai de carro até a ponte e me apanha. Estarei na estrada daqui a umas duas horas. Deixarei o barco e sairei para a estrada.

— Eu o apanharei — disse Bee-lips.

Harry, mantendo os motores funcionando devagar, a fim de que o barco cortasse lentamente a água, fez uma volta e rebocou o *skiff* até onde se via a brilhante luz da escuna do cabo. Lançou os cabos de amarração e segurou o *skiff*, enquanto Bee-lips descia para ele.

— Dentro de umas duas horas — disse Harry.

— Está bem — respondeu Bee-lips.

Sentando-se no banco do leme, fazendo o barco avançar lentamente no escuro, mantendo-se longe das luzes na ponte das docas, Harry pensava: "Bee-lips está fazendo algum serviço para ganhar seu dinheiro. Eu me pergunto: quanto ele pensa receber? Eu me pergunto: como terá conhecido aqueles rapazes? Lá está um sujeito esperto, que teve uma vez, sua oportunidade. É também um bom advogado. Fiquei frio, porém, ao ouvi ele próprio dizer aquilo. Ele expressou seu próprio destino, na verdade. É engraçado como um homem pode expressar alguma coisa. Quando ouvi, ele próprio dizer aquilo, fiquei assustado.

Capítulo XII

Quando chegou a casa, não acendeu a luz, mas tirou os sapatos no *hall* e subiu as escadas nuas apenas com as meias nos pés. Despiu-se e deitou-se, vestindo apenas a camisola, antes de sua esposa acordar. No escuro, ela perguntou:

— Harry?

— Durma, minha velha — respondeu ele.

— Harry, o que há?

— Vou fazer uma viagem.

— Com quem?

— Ninguém. Albert, talvez.

— No barco de quem?

— Apanhei o barco de novo.

— Quando?

— Esta noite.

— Você irá para a cadeia, Harry.

— Ninguém sabe que eu o apanhei.

— Onde está o barco?

— Escondido.

Deitado, imóvel na cama, sentiu os braços da mulher sobre o seu rosto, procurando por ele. Sentia a mão dela sobre seu corpo e rolou para junto da mulher.

— Quer fazer?

— Sim. Agora.

— Eu estava dormindo. Lembra-se quando fizemos dormindo?

— Ouça, importa-se com o braço? Não a faz sentir-se estranha?

— Você é bobo. Eu gosto dele. Gosto de tudo o que é seu. Ponha-o aí, atravessado. Estenda-o aí. Vamos. Gosto, mesmo, de verdade.

— Parece a barbatana de uma tartaruga.

— Você não é tartaruga alguma. É verdade que as tartarugas fazem durante três dias? Trepam durante três dias?

— Certamente. Escute, fique quieta. Vamos acordar as meninas.

— Elas não sabem o que eu tenho. Não sabem o que eu tenho. Ah, Harry. Isso. Aí, querido.

— Espere.

— Não quero esperar coisa alguma. Vamos. Isso. Aí. Ouça, já fez alguma vez com uma prostituta negra?

— Claro.

— É parecido com quê?

— É como um bacalhau seco.

— Você é engraçado, Harry. Gostaria que não precisasse ir. Qual foi a melhor mulher com quem você já fez?

— Você.

— Está mentindo. Sempre mente para mim. Ai. Ai. Ai.

— Não. Você é a melhor.

— Eu estou velha.

— Você nunca ficará velha.

— Tenho aquela coisa.

— Aquilo não faz diferença, quando a mulher é boa.

— Vamos. Vamos agora. Ponha o toco do braço aí. Segure-o aí. Aperte agora. Aperte.

— Estamos fazendo muito barulho.

— Estamos apenas cochichando.

— Preciso levantar-me antes do amanhecer.

— Vá dormir. Eu o acordarei. Quando você voltar é que nos divertiremos. Iremos para um hotel em Miami, como costumamos fazer. Exatamente como costumávamos fazer. Um lugar qualquer onde nunca nos vejam. Não poderíamos ir para Nova Orleans?

— Talvez — respondeu Harry. Escute, Marie. Preciso dormir agora.

— Durma. Você é o meu querido. Durma. Eu o acordarei. Não se preocupe.

Harry pôs-se a dormir, com o toco do braço estendido sobre o travesseiro, enquanto ela permaneceu muito tempo deitada, olhando-o. Podia ver o rosto dele à luz da rua que se filtrava pela janela. "Tenho sorte" — pensava. "Aquelas meninas! Não sabem o que terão. Eu sei o que tenho e o que tive. Fui uma mulher feliz. E ele dizendo que se parece com uma tartaruga. Sinto-me satisfeita por ter sido um braço e não uma perna. Não gostaria que tivesse perdido uma perna. Por que precisaria ter perdido o braço? É, de fato, estranho, embora eu não me importe. Nada nele me desagrada. Fui uma mulher feliz. Não há outro homem como esse. As pessoas que nunca o experimentaram não sabem disso. Eu tive muitos deles. Fui feliz em possuí-lo. Será que aquelas tartarugas sentem o mesmo que a gente? Será que, durante todo aquele tempo, sentem isso? Ou será que causa dores à fêmea? Penso cada coisa danada. Vejam-no, dormindo como uma criancinha. O melhor que tenho a fazer é ficar acordada para chamá-lo. Jesus, eu poderia fazer durante toda a noite, se os homens fossem feitos para isso. Gostaria de ficar fazendo e nunca dormir. Nunca, nunca; não, nunca. Bem, vejam só: eu, com esta idade! Eu não sou velha. Ele disse que ainda sou boa. Quarenta e cinco anos não é ser velha. Sou dois anos mais velha que ele. Vejam-no dormir. Vejam-no, dormindo ali como um molequinho".

Duas horas antes do amanhecer, ambos estavam ao lado do tambor de gasolina na garagem, enchendo e arrolhando garrafões, que colocavam na parte de trás do carro. Harry usava um gancho preso a seu braço direito, arrastando e levantando com habilidade os garrafões cobertos de vime.

— Não quer comer alguma coisa?

— Quando eu voltar.

— Não quer tomar seu café?

— Já o tem pronto?

— Naturalmente. Preparei-o quando saímos.

— Traga-o, então.

Trouxe o café, que Harry bebeu no escuro, sentando-se na roda do carro. Apanhou a xícara e colocou-a numa prateleira na garagem.

— Vou com você para ajudá-lo a cuidar dos garrafões — disse ela.

— Está bem — respondeu Harry.

Subiu para o carro e sentou-se ao lado de Harry. Era uma mulher grande, de pernas longas, mãos grandes, quadris largos, ainda bonita, com um chapéu puxado sobre os cabelos tingidos de loiro. No escuro e no frio da manhã, rodaram para a estrada do condado, através do nevoeiro que cobria espessamente a planície.

— Por que está preocupado, Harry?

— Não sei. Sei apenas que estou preocupado. Ouça, vai deixar o cabelo crescer?

— Pensei em deixar. As meninas estiveram insistindo comigo.

— Para o diabo as meninas. Deixe-o como está.

— Quer mesmo que o deixe assim?

— Sim — respondeu ele. É assim que eu gosto.

— Não acha que fico parecendo muito velha?

— Você tem melhor aparência que qualquer uma delas.

— Vou arrumá-lo, então. Posso fazê-lo ficar mais loiro, se quiser.

— Que têm as meninas que falar sobre o que você faz? — disse Harry. Elas não têm nada que incomodá-la.

— Sabe como são. Sabe que meninas são desse jeito. Escute, se você fizer uma boa viagem, iremos para Nova Orleans, não é?

— Miami.

— Bem, Miami, então. E vamos deixá-las aqui.

— Tenho que fazer a viagem primeiro.

— Não está preocupado, está?

— Não.

— Sabe que fiquei acordada durante quase quatro horas, só pensando em você?

— Você é uma boa velha.

— Posso pensar em você a qualquer hora e ficar excitada.

— Bem, precisamos por agora dessa gasolina — disse Harry.

Capítulo XIII

Às dez horas da manhã, no estabelecimento de Freddie, Harry estava em pé, encostado ao bar, com quatro ou cinco outros homens. Dois funcionários da alfândega acabavam de sair. Haviam-nos interrogado a respeito do barco e Harry respondera-lhes que nada sabia a respeito.

— Onde estava na noite passada? — perguntara-lhe um deles.

— Aqui e em casa.

— Até que horas ficou aqui?

— Até fechar.

— Alguém o viu?

— Muita gente — interviera Freddie.

— Que aconteceu? — perguntara Harry. Pensam que roubei meu próprio barco? Que faria sem ele?

— Apenas lhe perguntei onde esteve — dissera o funcionário da alfândega. Não fique enfezado.

— Não estou enfezado — respondeu Harry. Fiquei enfezado quando apreenderam o barco sem qualquer prova de que transportara bebida.

— Havia um *affidavit* jurado, explicara o funcionário da alfândega. Não era meu *affidavit*. Sabe o homem que o fez.

— Está bem — concordara Harry. Só quero que não diga que estou enfezado porque me perguntou alguma coisa. Preferia que vocês tivessem o barco apreendido. Nesse caso, teria uma probabilidade de obtê-lo de volta. Que probabilidade tenho se for roubado?

— Nenhuma, creio — dissera o funcionário da alfândega.

— Bem, vá cuidar de seus papéis — exclamara Harry.

— Não fique bravo, aconselhara o funcionário da alfândega — ou eu arranjo alguma coisa para fazer você ficar realmente bravo.

— Depois de quinze anos — respondera Harry.

— Não ficou bravo durante quinze anos?

— Não, nem estive na cadeia.

— Bem, não fique bravo, senão irá para lá.

— Não se exalte — dissera Harry.

Nesse momento, aquele cubano amalucado que dirige um táxi entrou com uma camarada chegado pelo avião. Big Rodgers disse-lhe:

— Hayzooz, disseram-me que teve uma criança?

— Sim, senhor — respondeu orgulhosamente Hayzooz.

— Quando se casou? — perguntou-lhe Rodger.

— No mês passado. Não foi ao casamento?

— Não — disse Rodger. Não fui ao casamento.

— Perdeu muita coisa — observou Hayzooz. Perdeu um casamento bom de verdade. Por que não foi?

— Você não me convidou.

— Ah, sim — disse Hayzooz. Esqueci. Não o convidei...

Voltando-se para o estranho, Hayzooz perguntou:

— Conseguiu o que queria?

— Sim. Penso que sim. É esse o melhor preço que pode fazer para o "Bacardi"?

— É, sim, senhor — falou Freddie. Esse é o verdadeiro *carta del oro*.

— Ouça, Hayzooz — perguntou Rodger. Por que acha que a criança é sua? Aquele filho não é seu.

— Por que diz que o filho não é meu? Que quer dizer com isso? Por Deus, não o deixarei falar desse jeito! Que quer dizer quando fala que o filho não é meu? Quando compra uma vaca, não adquire a novilha? Aquele é meu filho. Por Deus que é. Meu filho. Pertence-me. Sim, Senhor!

Saiu com o estranho e a garrafa de "Bacardi", enquanto Rodger permanecia rindo. Aquele Hayzooz é um tipo engraçado. Ele e aquele outro cubano, Sweetwater.

Exatamente, então, entrou Bee-lips, o advogado que disse a Harry:

— O pessoal da alfândega acaba de ir buscar seu barco.

Harry olhou-o e era possível ver em sua fisionomia um desejo assassino. Bee-lips continuou falando no mesmo tom, sem qualquer expressão:

— Alguém o viu entre as algas do alto de um daqueles caminhões da W.P.A. e chamou do lugar onde estão construindo o campo em Boca Chica para a Alfândega. Acabo de ver Herman Frederichs. Foi ele quem me contou.

Harry não disse uma palavra, mas podia-se ver o desejo assassino desaparecer de sua fisionomia e seus lábios tornaram a abrir-se com naturalidade. Voltando-se, então, para Bee-lips, disse:

— Você sempre ouve tudo, não?

— Pensei que quisesse saber — respondeu Bee-lips, com a mesma voz sem expressão.

— Não me interessa — declarou Harry. Deviam tomar conta do barco melhor do que fizeram.

Os dois permaneceram em pé, ao lado do bar, sem dizer coisa alguma, até que Big Rodger e os outros dois ou três se retiraram. Dirigiram-se, então, para os fundos.

— Você é venenoso — disse Harry. Tudo aquilo que toca é veneno.

— É minha culpa se puderam vê-lo de um caminhão? Foi você quem escolheu o lugar. Foi você mesmo quem escondeu o barco.

— Cale a boca — exclamou Harry. Alguma vez tiveram caminhões daquela altura? Essa era a última oportunidade que eu tinha de ganhar dinheiro honestamente. Era a última oportunidade que eu tinha de embarcar num barco em que houvesse dinheiro a ganhar.

— Vim contar a você logo que aconteceu.

— Você é o mesmo que uma coruja.

— Pára com isso, disse Bee-lips. Eles agora querem ir às últimas horas desta tarde.

— Vão o diabo!

— Estão ficando nervosos por causa de alguma coisa.

— A que horas querem ir?

— Cinco horas.

— Vou arranjar um barco. Leve-os para o inferno.

— Não seria má idéia.

— Não ponha sua boca nisso. Afaste sua boca de meus negócios.

— Ouça, seu grande porco assassino — disse Bee-lips. Tento auxiliá-lo e introduzi-lo em alguma coisa...

— E tudo o que faz é envenenar-me. Cale a boca. Você é o mesmo que veneno para quem quer que o toque.

— Pare com isso, fanfarrão.

— Não se exalte — disse Harry. Preciso pensar. Tudo o que fiz até agora, foi pensar em alguma coisa e já tinha resolvido tudo. Agora, preciso pensar em outra coisa qualquer.

— Por que não me deixa auxiliá-lo?

— Venha aqui às doze horas e traga o dinheiro para o depósito do barco.

Quando estavam saindo, Albert entrou no estabelecimento e dirigiu-se a Harry.

— Sinto muito, Albert, mas não posso empregá-lo — disse Harry. Já resolvi isso.

— Irei por pouco, respondeu Albert.

— Sinto muito — disse Harry. Não preciso de você agora.

— Não encontrará um homem bom para o que eu iria fazer.

— Eu vou sozinho.

— Não pretende fazer sozinho uma viagem dessa — disse Albert.

— Cale a boca — recomendou Harry. Que sabe a respeito? Dão-lhe lições a respeito de meus negócios no serviço de socorro?

— Vá para o inferno — exclamou Albert.

— Talvez eu vá — respondeu Harry.

Qualquer pessoa que olhasse para ele veria que estava pensando ativamente e não desejava ser incomodado.

— Eu gostaria de ir, insistiu Albert.

— Não posso utilizá-lo — respondeu Harry. Quer me deixar sozinho?

Albert saiu e Harry permaneceu lá, no bar, olhando a máquina de um *nickel*, as duas máquinas de um *dime*, a máquina de um quarto e o quadro da "Última Resistência de Custer", na parede, como se nunca os tivesse visto.

— Foi boa aquela que Hayzôoz disse a Big Rodger a respeito do filho, não? — disse-lhe *Freddie*, colocando algumas xícaras de café no balde de água com sabão.

— Dê-me um maço de "Chesterfields" — pediu Harry.

Segurou o maço com o toco do braço e abriu-o num canto. Tirou um cigarro e colocou-o na boca. Jogou o maço no bolso e acendeu o cigarro.

— Em que forma está seu barco, Freddie? — perguntou Harry.

— Acabo de mandá-lo consertar — respondeu Freddy.

Está em boa forma.

— Quer alugá-lo?

— Para quê?

— Para uma travessia.

— Não. A menos que depositem o valor do barco.

— Quanto vale?

— Mil e duzentos dólares.

— Alugo-o — disse Harry. Aceita minha fiança?

— Não — disse-lhe Freddie.

— Dou a casa como garantia.

— Não quero sua casa. Quero mil e duzentos dólares.

— Está bem — concordou Harry.

— Traga o dinheiro — disse Freddie.

— Quando Bee-lips chegar, diga-lhe para me esperar — pediu Harry, saindo em seguida.

Capítulo XIV

Em sua casa, Marie e as meninas estavam almoçando.

— Alô, papai — disse a mais velha das meninas. Papai está aqui.

— Que há para se comer? — perguntou Harry.

— Temos bife — respondeu Marie.

— Alguém disse que roubaram seu barco, papai.

— Já o encontraram — disse Harry.

Marie olhou para ele.

— Quem o encontrou? — perguntou.

— O pessoal da alfândega.

— Oh, Harry — exclamou Marie, cheia de pena.

— Não é melhor que o tenham encontrado? — perguntou a segunda das meninas.

— Não fale quando está comendo — recomendou Harry. Onde está meu jantar? Que está esperando?

— Já o estou levando.

— Estou com pressa — disse Harry. Vocês, meninas, comam e saiam. Preciso falar com sua mãe.

— Não nos podia dar algum dinheiro para irmos à exposição esta tarde, papai?

— Por que não vão nadar? É de graça.

— Ora, papai, está fazendo muito frio para nadar e nós desejamos ir à exposição.

— Está bem — disse Harry. Está bem.

Quando as meninas já haviam saído, disse para Marie:

— Corte-a para mim, sim?

— Naturalmente, querido.

Cortou a carne em pedaços, como se fosse para um menino.

— Obrigado — disse Harry. Sou um incômodo dos diabos, não? Aquelas meninas não incomodam tanto, não?

— Não, querido.

— Engraçado não podermos ter tido rapazes.

— É porque você é um homem desse jeito. Dessa forma sempre saem meninas.

— Não sou nenhum homem dos diabos — disse Harry. Mas, ouça, vou fazer uma viagem dos diabos.

— Conte-me o que houve com o barco.

— Viram-no de um caminhão. Um caminhão alto.

— Maldição.

— Pior de que isso...

— Ora, Harry, não fale essas coisas aqui em casa.

— Você fala, às vezes, coisas piores na cama.

— Isso é diferente. Não gosto de ouvir dizer... na minha própria mesa.

— Oh...

— Ora, querido, você está se sentindo mal? Disse Marie.

— Não — respondeu Harry. Estou apenas pensando.

— Bem, você resolverá. Tenho confiança em você.

— Eu também tenho confiança. É a única coisa que tenho.

— Quer me contar o que é?

— Não. Quero apenas que não se preocupe, ouça o que ouvir.

— Não me preocuparei.

— Ouça, Marie. Vá lá em cima, naquele alçapão e traga-me a metralhadora "Thompson"; procure, naquela caixa de madeira com as balas, e apanhe todos os pentes que estiverem cheios.

— Não leve aquilo.

— Tenho de levar.

— Quer algumas caixas de balas?

— Não. Não posso carregar os pentes. Tenho quatro pentes.

— Querido, vai realizar uma viagem dessa espécie?

— Vou fazer uma viagem ruim.

— Ó, meu Deus — exclamou Marie. Ó, meu Deus, gostaria que você não precisasse fazer essas coisas.

— Vá buscar aquilo e traga para mim. Arranje-me um pouco de café.

— O.K. — disse Marie, inclinando-se sobre a mesa e beijando-o na boca.

Harry sentou-se à mesa e olhou para o piano, o armário, o rádio, o quadro de "Manhã de Setembro", os quadros de cupidos segurando arcos por trás da cabeça, a brilhante mesa de carvalho legítimo, as cadeiras também de carvalho legítimo e as cortinas nas janelas. Pensou: "Que oportunidades tenho de gozar meu lar? Por que voltei a ficar pior do que quando comecei? Tudo também estará liquidado se eu não fizer aquilo direito. Farei, que diabo. Não me restam nem sessenta dólares afora a casa, mas preciso manter a casa. Aquelas malditas meninas. Foi tudo o que aquela velha e eu pudemos fazer com o que temos. Será que os rapazes que ela tinha desapareceram antes de eu a conhecer?"

— Aqui está — disse Marie, segurando a arma pelas correias. Estão todos cheios.

— Preciso ir — disse Harry.

Ergueu o peso volumoso da metralhadora desmontada em sua caixa de lona, manchada de óleo.

— Ponha-a no assento dianteiro do carro, disse.

— Adeus — disse Marie.

— Adeus, minha velha.

— Não ficarei preocupada. Mas, por favor, cuida bem de você.

— Seja forte.

— Ah, Harry — exclamou Marie, apertando-o contra si.

— Deixe-me ir. Não posso perder tempo.

Bateu-lhe nas costas com o toco do braço.

— Você e sua barbatana de tartaruga — disse ela. Ó, Harry, tome cuidado.

— Preciso ir. Adeus, minha velha.

— Adeus, Harry.

Marie ficou olhando-o sair da casa, alto, de ombros largos, costas retas, quadris finos, movendo-se ainda, pensou ela, como uma espécie de animal, com facilidade e rapidez; nada velho ainda, pensou, move-se com tanta ligeireza e maciez; quando ele entrou no carro, viu-o com seus cabelos loiros, queimados pelo sol, seu rosto com largas maçãs mongólicas, olhos estreitos, nariz quebrado na ponta, boca larga, maxilar redondo. Entrando no carro, sorriu para ela, que começou a chorar.

— Seu rosto maldito, pensou ela. Toda vez que vejo seu maldito rosto, sinto vontade de chorar.

Capítulo XV

Havia três turistas no bar de Ferry, que os estava servindo. Um era muito alto, magro, de ombros largos, bronzeado, com um pequeno bigode ruivo, cuidadosamente arranjado: vestia *shorts* e usava óculos de lentes grossas. Com ele estava uma mulher de cabelos loiros e encaracolados, cortados curtos como os de um homem; tinha corpo feito e tanto seu rosto como sua figura pareciam os de um atleta. Também usava short.

— Ora, bolas para você, dizia a mulher para o terceiro turista, que tinha um rosto vermelho, bastante inchado, com um bigode ruivo. Usava um chapéu de pano branco, com um viseira de celulóide verde, e tinha uma maneira de falar com movimentos de lábios bastante extraordinários, como se estivesse comendo alguma coisa quente.

— Que encantador! — exclamou o homem de viseira verde. Nunca ouvi essa expressão usada realmente em conversa. Pensei que fosse uma frase obsoleta, algo que se via apenas em letra de forma nos... bem... nos jornais humorísticos. Nunca a ouvira, porém.

— Bolas, bolas, duplas bolas para você — acrescentou a atleta, num repentino acesso de encanto, virando-lhe seu perfil cheio de borbulhas.

— Que bonito! — exclamou o homem de viseira verde. Você expressa isso de maneira tão bonita. A origem da expressão não é do Brooklin?

— Não deve se importar com ela. É minha esposa — interveio o turista alto. Já se conhecem?

— Ora, bolas para ele e duplas bolas para seu conhecimento — disse a esposa. Como está passando?

— Não muito mal — respondeu o homem de viseira verde. E você, como está passando?

— Passa maravilhosamente — disse o homem alto. Devia vê-la.

Nesse momento, entrou Harry, e a esposa do turista alto disse:

— Não é maravilhoso? Isso é que eu queria. Compre-o para mim, papai.

— Posso falar com você? — disse Harry, dirigindo-se a Freddie.

— Certamente. Pode começar e dizer tudo o que quiser — interveio a esposa do turista alto.

— Cale a boca, prostituta — disse Harry. Venha até aqui nos fundos, Freddie.

Nos fundos, Bee-lips estava esperando, sentado a uma mesa.

— Alô, batuta — disse para Harry.

— Cale a boca — respondeu Harry.

— Ouça, declarou Freddie. Pare com isso. Não pode continuar com isso. Não pode chamar a meus fregueses de nomes como aquele. Não pode chamar uma senhora de prostituta num lugar decente como este.

— Uma prostituta, respondeu Harry. Ouviu o que ela me disse?

— Bem, mas, de qualquer forma, não pode chamá-la de um nome desses assim, na cara.

— Está bem. Trouxe o dinheiro?

— Naturalmente — respondeu Bee-lips. Por que não teria trazido o dinheiro? Não disse que ia trazer?

— Vamos ver.

Bee-lips entregou-o. Harry contou dez notas de cem dólares e quatro de vinte.

— Deviam ser mil e duzentos.

— Menos minha comissão — disse Bee-lips.

— Entregue-me isso.

— Não.

— Vamos.

— Não seja tolo.

— Canalha miserável.

— Seu grande fanfarrão — disse Bee-lips. Não tente tirar-me à força, porque não o tenho aqui comigo.

— Compreendo — disse Harry. Devia ter pensado nisso. Escute, Freddie. Você me conhece há muito tempo. Sei que o barco vale mil e duzentos. Estão faltando cento e vinte. Pegue isto e aceite o risco de cento e vinte, mais o aluguel.

— Serão trezentos e vinte dólares — disse Freddy.

Era-lhe penoso arriscar tal quantia e suava enquanto pensava a respeito.

— Tenho, em casa, um carro e um rádio que valem isso.

— Posso preparar um documento para isso — explicou Bee-lips.

— Não quero documento algum, disse Freddie.

Suava de novo e sua voz era hesitante. Finalmente disse:

— Está bem. Arrisco. Mas, em nome de Deus, tenha cuidado com o barco, ouviu Harry?

— Como se fosse meu.

— Você perdeu o seu — disse Freddie, ainda suando, com seu sofrimento agora intensificado por aquela recordação.

— Cuidarei bem dele.

— Porei o dinheiro em meu cofre no banco — disse Freddie.

Harry olhou para Bee-lips e disse, sorrindo:

— É um bom lugar.

— Garçom! — gritou alguém na frente do salão.

— É com você — disse Harry.

— Garçom! — chamou novamente a voz.

Freddie foi para frente do salão.

— Aquele homem insultou-me — foi o que Harry ouviu uma voz aguda dizer, enquanto estava falando com Bee-lips.

— Estarei atracado lá no cais diante da rua. É apenas meia quadra.

— Está bem.

— Isso é tudo.

— Está bem, chefão.

— Não me chame de chefão.

— Mas você gosta.

— Estarei lá das quatro horas em diante.

— Mais alguma coisa?

— Precisarão dominar-me pela força, compreende? Nada sei a respeito. Estarei apenas trabalhando no motor. Não terei a bordo nada do que é preciso para fazer uma viagem. Contratei o barco de Freddie para alugá-lo para pesca. Terão de apontar-me uma arma para forçar-me a pôr o barco em movimento e precisarão cortar os cabos.

— E Freddie? Você não alugou o barco dele para pescar.

— Vou contar tudo a Freddie.

— Seria melhor não contar.

— Vou contar.

— Seria melhor não contar.

— Ouça: tenho negócios com Freddie desde o tempo da guerra. Por duas vezes fomos sócios e nunca tivemos qualquer encrenca. Sabe quanto material transportei para ele. Nesta cidade é o único filho da puta em quem eu confiaria.

— Eu não confiaria em ninguém.

— Você não deve confiar, depois das experiências que já teve.

— Deixe-me sossegado.

— Está bem. Vá procurar seus amigos. Que tem com eles?

— São cubanos. Encontrei-os na venda da estrada. Um deles deseja descontar um cheque visado. Que há de mal nisso?

— E você nada notou?

— Não. Falei-lhes para me encontrarem no banco.

— Quem vai levá-los?

— Algum táxi.

— Que acha que o motorista vai pensar que eles são: violinistas?

— Arranjaremos um que não pense. Existem, nesta cidade, muitos motoristas que não sabem pensar. Veja Hayzooz, por exemplo.

— Hayzooz é esperto. Apenas fala de maneira engraçada.

— Direi para contratarem um mudo.

— Procure um que não tenha filhos.

— Todos eles têm filhos. Já viu um motorista de táxi sem filhos?

— Você é um maldito rato.

— Bem, mas nunca matei ninguém — Bee-lips.

— Nem matará. Vamos, vamos sair daqui. Só de estar a seu lado sinto-me mole.

— Talvez você seja mole.

— Pode impedi-los de falar?

— Se você não tapar sua boca...

— Tape a sua, então.

— Vou tomar um gole — disse Harry.

Na parte da frente do salão, os três turistas estavam sentados em suas altas banquetas. Quando Harry se aproximou do bar, a mulher olhou para o outro lado, a fim de manifestar desprezo.

— Que quer tomar? — perguntou Freddie.

— Que é isso que a senhora está tomando? — Interrogou Harry.

— Um "Cuba Libre".

— Dê-me, então, um uísque puro.

O turista alto, com pequeno bigode ruivo e óculos de lentes grossas, inclinou em direção a Harry seu rosto largo e de nariz reto, dizendo:

— Escute, que idéia é essa de falar assim com minha esposa?

Harry olhou-o de alto a baixo e falou para Freddy:

— Que espécie de bar é este que você tem?

— Que é que há? — perguntou o turista alto.

— Não se exalte — recomendou-lhe Harry.

— Não pode vir falando assim comigo.

— Ouça — disse Harry. Você veio até aqui para ficar bom e forte, não foi? Não se exalte.

Em seguida saiu.

— Eu deveria tê-lo espancado, creio — disse o turista alto. Que acha, querida?

— Gostaria de ser homem — respondeu a esposa.

— Você estaria bem arrumada com aquele físico — comentou o homem de viseira verde, falando sobre o copo de cerveja.

— Que disse? — perguntou o turista alto.

— Disse que você poderia encontrar o nome e o endereço do homem, a fim de lhe escrever uma carta dizendo o que pensa dele.

— Escute, qual é seu nome, a propósito? Que está fazendo, querendo me ensinar?

— Pode chamar-me de professor MacWalsey.

— Meu nome é Laughton, disse o homem alto. Sou escritor.

— Muito prazer em conhecê-lo, respondeu o professor MacWalsey. Escreve freqüentemente?

O homem alto olhou a seu redor e disse:

— Vamos embora daqui, querida. Toda gente aqui é bêbada.

— Este é um lugar estranho, explicou o professor MacWalsey. Realmente fascinante. Dão-lhe o nome de Gibraltar da América e fica a trezentas e setenta e cinco milhas ao sul de Cairo, Egito. No entanto, este bar é a única parte da cidade, que já tive tempo de ver. Mas, é um belo bar.

— Vejo que você é, de fato, professor — disse a esposa do homem alto. Sabe que gosto de você?

— Também gosto de você, querida, respondeu o professor MacWalsey. Agora, porém, preciso ir embora.

Levantou-se e saiu a procurar sua bicicleta.

— Toda gente aqui é bêbada — disse o homem alto. Vamos tomar outro gole, querida?

— Gostei do professor — respondeu a esposa. Tinha maneiras agradáveis.

— Aquele outro camarada...

— Ó, tinha um rosto bonito — comentou a esposa. Como um tártaro ou coisa semelhante. Gostaria que não fosse insolente. Tinha um rosto assim como uma espécie de Gengis Khan. Ui, como era grande.

— Tinha apenas um braço — disse o marido.

— Não reparei — respondeu a esposa. Vamos tomar outro gole? Gostaria de saber quem vai aparecer agora.

— Talvez Tamerlão — respondeu o marido.

— Ui, como você é educado! Mas aquele primeiro Gengis Khan me serviria. Por que será que o professor gostou de me ouvir dizer bolas?

— Não sei, respondeu Laughton, o escritor. Eu nunca gostei.

— Ele parecia gostar de mim pelo que realmente sou — disse a esposa. Ui, como era bonito!

— Você, provavelmente, o encontrará de novo.

— Sempre que vier aqui, o encontrará, disse Freddie. Vive aqui. Encontra-se aqui desde há duas semanas.

— Quem é o outro, que falou de maneira tão rude?

— Aquele? Ora, é um camarada aqui de perto.

— Que faz?

— Ora, um pouco de tudo, respondeu Freddie. É pescador.

— Como perdeu o braço?

— Não sei. Feriu-se de uma maneira qualquer.

— Ui, como ele é bonito! exclamou a esposa.

Freddie riu e disse:

— Já ouvi chamarem-no de muita coisa, mas nunca de bonito.

— Não acha que ele tem um rosto bonito?

— Não se exalte, minha senhora, disse-lhe Freddie. Tem um rosto como um presunto, com um nariz quebrado no meio.

— Meu Deus, como os homens são estúpidos — disse a esposa. Ele é o homem de meus sonhos.

— É um homem mau para sonhos, comentou Freddie.

Durante todo esse tempo, o escritor permanecia sentado, com uma espécie de expressão estúpida na fisionomia, exceto quando olhava com admiração para sua esposa. "Para ter uma mulher com aquela aparência seria preciso ser mesmo um escritor ou um elemento da Administração Federal de Socorros de Emergência" pensou Freddie. Meu Deus, não é horrível?

Exatamente nesse momento entrou Albert.

— Onde está Harry?

— Lá embaixo, no cais.

— Obrigado, respondeu Albert.

Saiu novamente. O escritor e a esposa permaneceram lá, sentados enquanto Freddie os olhava, preocupado com o barco e pensando como suas pernas doíam de ficar em pé durante todo o dia. Havia posto uma grade sobre o cimento, mas isso não parecera adiantar muito. Suas pernas doíam o tempo todo. No entanto, estava fazendo um bom negócio, tão bom quanto os melhores da cidade e com menos preocupação. Aquela mulher era, de fato, um tanto amalucada. E que espécie de homem seria aquele, que escolhera uma mulher como essa para viver junto com ele? "Nem mesmo com os olhos fechados", pensou Freddie. Nem de empréstimo. No entanto, lá estavam eles, tomando misturas de bebidas. Bebidas caras. Isso já era alguma coisa.

— Sim, senhor, disse Freddie. Imediatamente.

Um bom homem bem construído, de rosto bronzeado e cabelos ruivos, vestindo uma camisa riscada de pescador e short cáqui, entrou com uma jovem morena e muito bonita, vestindo um sutién de lã branca e fina, com calças azul-escuro.

— Se não é Richard Gordon! — exclamou Laughton, levantando-se. — Com a adorável "miss" Helen.

— Alô, Laughton, disse Richard Gordon. Viu qualquer coisa parecida com um professor bêbado por aqui?

— Ele acaba de sair, respondeu Freddie.

— Quer tomar um vermute, querida? — perguntou Richard Gordon a sua esposa.

— Se tomar também... — disse Helen, que voltando-se para os dois Laughton, cumprimentou:

— Alô.

— Faça o meu com duas partes de francês e uma de italiano, Freddie — acrescentou.

Sentou-se na alta banqueta, com as pernas dobradas por baixo do corpo, e olhou para rua. Freddie examinou-a com admiração. Achava que era a estranha mais bonita que aparecera em Key West naquele inverno. Mais bonita mesmo que a famosa beldade chamada senhora Bradley. A senhora Bradley estava ficando um pouco corpulenta. Esta moça tinha uma adorável fisionomia irlandesa, cabelos pretos que se encaracolavam quase até os ombros e uma pele lisa e clara. Freddie olhou para sua mão morena segurando o copo.

— Como vai de trabalho? — perguntou Laughton, dirigindo-se a Robert Gordon.

— Vou indo bem — respondeu Gordon. E você, como vai?

— James não trabalha — disse a senhora Laughton. Apenas bebe.

— Escute, quem é esse professor MacWalsey? — perguntou Laughton.

— Ora, uma espécie de professor de economia, creio, ou coisa parecida. É amigo de Helen.

— Gosto dele — disse Helen Gordon.

— Eu também gosto dele, concordou a senhora Laughton.

— Gostei dele primeiro — replicou Helen Gordon alegremente.

— Ora, pode ficar com ele — disse a senhora Laughton. Vocês, jovens, sempre conseguem o que desejam.

— É isso que nos torna tão boas — respondeu Helen Gordon.

— Vou tomar outro vermute — disse Richard Gordon. Voltando-se para os Laughtons, perguntou:

— Tomam mais um?

— Por que não? — respondeu Laughton. Escute, vocês vão àquela grande festa que os Bradley dão amanhã?

— Naturalmente que ele vai, disse Helen Gordon.

— Você sabe que gosto dela? — respondeu Richard Gordon. Interessa-se tanto como mulher, quanto como fenômeno social.

— Ui! — exclamou a senhora Laughton. Você sabe falar com tanta erudição quanto o professor.

— Não abuse de sua ignorância, querida! — recomendou Laughton.

— Haverá gente que vá para a cama com um fenômeno social? — perguntou Helen Gordon, olhando pela porta.

— Não fale imundícies — disse Richard Gordon.

— O que quero dizer é se isso faz parte do serviço doméstico de um escritor — explicou Helen.

— Um escritor precisa conhecer de tudo — respondeu Richard Gordon. Não pode limitar sua experiência aos padrões burgueses.

— Ó! — exclamou Helen. E que faz a mulher de um escritor?

— Muita coisa, creio — disse a senhora Laughton. Escute, você precisava ter visto o homem que estava aqui, há pouco, insultando a mim e a James. Era terrível.

— Eu o teria espancado — disse Laughton.

— Era realmente terrível — repetiu a senhora Laughton.

— Vou para casa — disse Helen Gordon. Vai também, Dick?

— Creio que vou ficar mais um pouco na cidade — respondeu Richard.

— É? — disse Helen Gordon, olhando no espelho que havia por trás da cabeça de Freddie.

— É sim — respondeu Richard Gordon.

Olhando para ela, Freddie imaginou que ia chorar. Esperava, porém, que não o fizesse ali, em seu estabelecimento.

— Não quer tomar mais um gole? — perguntou Richard Gordon, dirigindo-se a Helen.

— Não — respondeu ela, sacudindo a cabeça.

— Escute, que acontece com você? — perguntou a senhora Laughton. Não está se divertindo?

— Maravilhosamente — replicou Helen Gordon. Mas, mesmo assim, acho melhor ir para casa.

— Voltarei cedo — disse Richard Gordon.

— Não se preocupe — respondeu-lhe Helen.

Em seguida, saiu. Não havia chorado. Não havia, também, encontrado John MacWalsey.

Capítulo XVI

Embaixo, no cais, Harry Morgan dirigiu o carro até o ponto onde o barco estava ancorado; olhou se não havia alguém por perto, levantou o assento dianteiro do carro, apanhou a caixa de lona, chata e suja de óleo, e lançou-a à cabina de comando da lancha.

Entrou, também, na cabina, abriu a tampa do motor e escondeu a caixa da metralhadora. Abriu as válvulas de gasolina e fez funcionar ambos os motores. O motor de estibordo funcionou, suavemente, depois de alguns minutos, mas o motor de bombordo falhou no segundo e quarto cilindros. Verificou que as cavilhas estavam gastas e procurou outras, mas não conseguiu encontrá-las.

— Tenho de arranjar cavilhas e encher de gasolina — pensou.

Embaixo, no compartimento dos motores, abriu a caixa da metralhadora e encaixou a coronha no lugar. Encontrou dois pedaços de correia da ventoinha e quatro parafusos. Cortando as correias, preparou um cinturão para segurar a metralhadora por baixo do soalho da cabina de comando, à direta da escotilha, por cima do motor de bombordo. A metralhadora, colocada lá, descansou facilmente e Harry colocou um pente dos quatro que estavam no bolso do tecido da caixa. Ajoelhando-se entre os dois motores, estendeu a mão para a metralhadora. Precisava fazer apenas dois movimentos: em primeiro lugar, desamarrar a tira de correia que passava ao redor do recebedor, imediatamente por trás do ferrolho; em seguida, puxar a arma do outro nó. Experimentou e a arma saiu facilmente para sua mão. Puxou a pequena alavanca até o fim, desde semi-automático até automático, e verificou se o fecho de segurança estava preso. Em seguida, prendeu-o de novo. Não imaginou onde colocaria os outros pentes. Empurrou, por isso, a caixa para baixo do tanque de gasolina, num lugar onde podia alcançá-la, com o fundo dos pentes em direção à sua mão. "Se eu ainda descer uma vez antes de estarmos a caminho, poderei pôr um par no bolso" — pensou. Seria melhor não o ter colocado na arma, mas alguma coisa pode fazer estourar toda esta maldita coisa.

Permaneceu em pé. Era, uma tarde bela e clara, agradável, nada fria, com uma ligeira brisa do norte. Era, de fato, uma bela tarde. A maré estava subindo e dois pelicanos estavam pousados sobre os pilares à beira do canal. Um barco de pesca, pintado de verde escuro, descia, navegando em direção ao mercado de peixe, com um pescador sentado na proa, segurando o leme. Harry olhou através da água, lisa com o vento soprando a favor da maré, cinzento-azulada sob o sol da tarde. Estendia-se até a ilha arenosa formada quando o canal havia sido drenado no local em que se construíra o campo para ladrões prisioneiros. Gaivotas brancas voam sobre a ilha.

— Vai ser uma bela noite — pensou Harry. Uma bela noite para se fazer a travessia.

Estava suando um pouco por ter ficado mexendo com os motores. Endireitou-se e enxugou o rosto com um pedaço de pano.

Avistou, então, Albert no cais.

— Ouça, Harry — disse Albert. Queria que você me levasse.

— Que há com você agora?

— Vão nos dar, agora, apenas três dias por semana no serviço de socorro. Soube disso nesta manhã. Preciso fazer alguma coisa.

— Está bem — respondeu Harry, que estava pensando de novo. Está bem.

— Isso é bom — disse Albert. Estava com medo de ir para casa ver minha velha. Ela me disse o inferno hoje, como se fosse eu que tivesse deixado o serviço de socorro.

— Que há com sua velha? — perguntou Harry alegremente. Por que não lhe dá uns tapas?

— Vá dar você — disse Albert. Gostaria que ouvisse o que ela diz. É uma mulher dura para falar.

— Ouça, Al — falou Harry. Pegue meu carro e isto; vá até o Marine Hardware comprar seis cavilhas métricas como esta. Em seguida, compre um pedaço de gelo de vinte *cents* e uma meia dúzia de tainhas. Traga, também, duas latas de café, quatro latas de carne, dois filões de pão, um pouco de açúcar e duas latas de leite condensado. Passe pelo Sinclair e diga-lhes para virem pôr cento e cinquenta galões. Volte logo que possa e troque as cavilhas número dois e quatro do motor de bombordo, a contar da hélice para trás. Diga-lhes que voltarei para pagar a gasolina. Podem esperar ou encontrar-me no Freddie. Poderá lembrar-se de tudo isso? Vamos levar um grupo para pescar tarpon até amanhã.

— Está muito frio para pescar tarpon — disse Albert.

— É muito frio para...

— O pessoal diz que não — respondeu Harry.

— Não seria melhor trazer uma dúzia de tainhas? — perguntou Albert. Para o caso dos botes de pesca arrancarem-nas? Há muitos botes de pesca, agora, naqueles canais.

— Bem, compre doze. Mas volte dentro de uma hora e faça pôr a gasolina.

— Por que deseja pôr tanta gasolina?

— Podemos precisar navegar desde cedo até muito tarde e não ter tempo de pôr gasolina.

— Que aconteceu com aqueles cubanos que desejavam ser transportados?

— Não ouvi falar sobre eles.

— Era um bom negócio.

— Este também é um bom negócio. Vamos, vá indo.

— Trabalharei por quanto?

— Cinco dólares por dia — respondeu Harry. Se não quiser, não pegue.

— Está bem — disse Albert. Quais eram as cavilhas?

— A segunda e a quarta a contar da hélice — respondeu Harry.

Albert acenou com a cabeça, dizendo:

— Creio que conseguirei lembrar.

Entrou no carro, virou-o e subiu a rua.

Do lugar em que Harry se encontrava no barco, podia ver o edifício de tijolo e pedra e a entrada dianteira do *First State Trust and Savings Bank*. Era apenas uma quadra abaixo, no começo da rua. Não podia ver a entrada lateral. Olhou para o relógio. Era pouco mais de duas horas. Fechou a tampa do motor e subiu para o cais. "Bem, agora acontecerá ou não", — pensou. Já fiz o que podia. Vou até lá em cima ver Freddie e, em seguida, voltarei para esperar". Voltou-se para a direita quando deixou o cais e caminhou por uma rua dos fundos, a fim de não passar pelo banco.

Capítulo XVII

No estabelecimento de Freddie, desejou contar-lhe tudo, mas não pôde. Não havia ninguém no bar; sentou-se numa banqueta e quis contar a Freddy, mas foi impossível. Quando estava pronto para contar-lhe, compreendeu que Freddie não toparia. Antigamente, talvez, mas, agora, não. Talvez, nem mesmo antigamente. Somente quando pensou em contar a Freddie é que percebeu como o negócio era ruim. "Poderia permanecer aqui" — pensou — "e nada aconteceria. Poderia ficar aqui, tomar alguns goles, ficar alto e não teria nada com o negócio. A não ser pelo fato de minha metralhadora estar no barco. Mas, ninguém sabe que é minha, com exceção da velha. Comprei-a em Cuba, numa viagem que fiz na época em que negociava com aqueles outros. Ninguém sabe que a tenho. Poderia ficar aqui e estaria fora de tudo. Mas, que diabo continuarão comendo? De onde virá o dinheiro para manter Marie e as meninas? Não tenho barco, não tenho dinheiro, não tenho educação. Em que pode trabalhar um homem com um braço só? Tudo o que tenho para vender é meu *cojones*. Poderia permanecer aqui e tomar mais uns cinco goles, digamos; tudo estaria terminado. Seria, então, demasiadamente tarde. Poderia deixar tudo passar e não fazer coisa alguma."

— Dê-me um gole — disse a Freddie.

— Pois não.

"Poderia vender a casa e alugaríamos outra, até eu conseguir trabalho de alguma espécie. Que espécie de trabalho? Poderia ir agora até o banco e contar tudo; que ganharia com isso? Agradecimentos. Certamente. Agradecimentos. Um grupo de bastardos do governo cubano fezme perder o braço, atirando contra mim quando não tinham a menor necessidade disso e outro grupo de gente do governo dos Estados Unidos tomou-me o barco. Agora, poderei deixar minha casa e receber agradecimentos. Não, muito obrigado. "Que vá tudo para o inferno!" — pensou. "Não tenho o que escolher".

Desejava contar a Freddie, para que alguém soubesse o que ia fazer. No entanto, não lhe poderia contar, porque Freddie não toparia. Estava ganhando, agora, bom dinheiro. Não havia ninguém durante o dia, mas toda noite o estabelecimento ficava cheio até as duas horas da madrugada. Freddie não estava em dificuldades. Sabia que Freddie não toparia. "Tenho que fazer sozinho — pensou" — com aquele pobre Albert. Jesus, ele parecia mais faminto que nunca àquela hora no cais. Há *conchs* que morreriam de fome antes de roubar. Muita gente, nesta cidade, está com a barriga vazia neste momento. Mas não fazem um movimento. Estão morrendo de fome um pouco por dia. Começaram a morrer de fome quando nasceram, alguns deles."

— Ouça, Freddie, disse Harry. Desejo um par de garrafas.

— De quê?

— "Bacardi".

— O.K.

— Tire as rolhas, sim? Sabe que desejava alugar o barco para alguns cubanos fazerem a travessia?

— Foi o que me disse.

— Não sei quando irão. Talvez esta noite. Nada me disseram.

— O barco está pronto para partir a qualquer momento. Terá uma bela noite se fizer a travessia hoje.

— Eles disseram alguma coisa a respeito de ir pescar esta tarde?

— Há aparelhos de pesca a bordo, se os pelicanos não os roubaram.

— Ainda estão lá.

— Bem, desejo-lhe boa viagem — disse Freddie.

— Obrigado. Dê-me outro, sim?

— De quê?

— Uísque.

— Pensei que estivesse tomando "Bacardi".

— Tomarei isso se apanhar um resfriado ao fazer a travessia.

— Você cruzaria com esta brisa soprando na proa durante toda a viagem — disse Freddie. Gostaria de fazer a travessia esta noite.

— Será, de fato, uma bela noite. Dê-me outro, sim?

Nesse momento, entraram o turista alto e sua esposa.

— Se não é esse o homem dos meus sonhos! — exclamou ela, sentando-se numa banqueta ao lado de Harry.

— Harry olhou-a e levantou-se.

117

— Voltarei mais tarde, Freddie — disse. Vou até lá, ao barco, para o caso daquele pessoal desejar ir pescar.

— Não vá — disse a esposa do turista alto. Por favor, não vá.

— Você é cômica — respondeu-lhe Harry, saindo.

Descendo a rua, Richard Gordon dirigia-se para a grande casa de inverno dos Bradleys. Esperava que a senhora Bradley estivesse sozinha. Estaria. A senhora Bradley colecionava escritores, da mesma forma que seus livros, mas Richard Gordon não sabia ainda disso. Sua própria esposa estava a caminho de casa, andando ao longo da praia. Não havia encontrado John MacWalsey. Talvez tivesse ido até sua casa.

Capítulo XVIII

Albert estava a bordo e a gasolina já havia sido carregada.

— Vou fazer funcionar e verificar como batem aqueles dois cilindros — disse Harry. Guardou aquelas coisas?

— Sim.

— Então, corte algumas iscas.

— Quer iscas grandes?

— Isso mesmo. Para tarpon.

Albert estava na popa cortando iscas e Harry ao lado do leme, aquecendo os motores, quando este ouviu um ruído semelhante ao escapamento de um automóvel. Olhou para a rua e viu um homem saindo do banco. Trazia uma arma na mão e estava correndo. Em seguida, desapareceu. Mais dois homens saíram do banco, com malas de couro e armas na mão, correndo na mesma direção. Harry olhou para Albert, que estava atarefado cortando as iscas. O quarto homem, o grande, saiu pela porta do banco, enquanto Harry olhava, mantendo uma metralhadora "Thompson" à sua frente. Quando se afastou da porta, a sirene do banco soltou um longo e angustioso lamento. Harry viu a ponta da metralhadora saltar várias vezes e ouviu um *tá-tá-tá-tá*, fraco e oco, soando em meio ao lamento da sirene. O homem voltou-se e correu, parando para disparar outra vez contra a porta do banco.

— Jesus! Estão assaltando o banco. Jesus! Que podemos fazer?

Harry ouviu o ruído do táxi Ford saindo da rua lateral e viu-o entrando no cais.

Havia três cubanos atrás e um ao lado do motorista.

— Onde está o barco? gritou um deles em espanhol.

— Lá, seu idiota — respondeu outro.

— Aquele não é o barco.

— Mas é o capitão.

— Vamos. Vamos, pelo amor de Deus!

— Saia, disse um dos cubanos para o motorista. Levante as mãos.

Enquanto o motorista permanecia de pé ao lado do carro, o cubano tirou uma faca da cinta e, estendendo-a em direção a ele, cortou-lhe a cinta, deixando a calça cair quase até os joelhos. Puxou, então, as calças do motorista para baixo, dizendo:

— Fique quieto.

Os dois cubanos que seguravam as valises lançaram-nas para a cabina de comando da lancha e, em seguida, todos subiram em confusão para bordo.

— Faça o barco sair — disse um deles.

O cubano grande, que tinha a metralhadora, encostou-a nas costas de Harry.

— Vamos, capitão — disse ele. Vamos.

— Não se exalte — respondeu Harry. Aponte isso para o outro lado.

— Solte aqueles cabos — disse o cubano grande.

— Você — acrescentou, dirigindo-se a Albert.

119

— Espere um momento — disse Albert. Não faça o barco partir. Esses são os assaltantes do banco.

O cubano mais alto virou-se, brandindo a metralhadora "Thompson" e apontou-a para Albert.

— Hei, não faça isso! Não faça isso! disse Albert. Não! A rajada foi tão próxima de seu peito que as balas chocaram-se como três bofetadas. Albert escorregou sobre os joelhos, com os olhos imensos e a boca aberta. Parecia ainda estar tentando dizer: "Não faça isso".

— Você não precisa de ajudante — disse o cubano maior — Seu filho da puta com um braço só.

Falando em espanhol, acrescentou:

— Cortem aquela linha com a faca de peixe.

Em seguida, acrescentou em inglês:

— Vamos. Vamos partir.

Voltando a falar em espanhol, disse:

— Encostem uma arma em suas costas.

Em seguida, acrescentou em inglês:

— Vamos. Vamos partir. Estouro-lhe os miolos.

— Iremos — respondeu Harry.

Um dos cubanos parecidos com índios estava segurando uma pistola do lado em que ficava seu braço inutilizado. O cano quase encostava no gancho.

Quando virou o barco, girando o leme com o seu braço bom, olhou para trás, a fim de examinar a distância ao passar os pilares e viu Albert ajoelhado na popa, com a cabeça caída agora para um lado, num charco de sangue. No cais estava o táxi Ford e o motorista gordo com suas roupas de baixo, as calças abaixadas até os tornozelos, as mãos erguidas acima da cabeça e a boca aberta como a de Albert. Não se via ainda pessoa alguma descendo a rua.

Os pilares do cais ficaram para trás quando o barco saiu das docas, e em seguida, entrou no canal, passando pelo cais do farol.

— Vamos. Faça-o correr — disse o cubano alto. Aumente a velocidade.

120

— Aponte essa arma para lá — respondeu Harry.

Harry pensava: "Eu poderia dar marcha à ré ao barco, mas, com certeza, esse cubano me encheria o corpo de buracos.

— Faça-o correr — insistiu o cubano.

Falando em espanhol, acrescentou:

— Deitem-se todos. Conservem o capitão sob mira.

Deitou-se também na popa, empurrando Albert para dentro da cabina de comando. Harry sentou-se no banco do leme. Olhava para frente e dirigia o barco para fora do canal, passando, agora, pela entrada da sub-base, com tábua de aviso aos iates e pela luz verde, bem para fora do cais, passando em seguida pelo forte e pela luz vermelha. Olhou para trás. O cubano grande tirara uma caixa de balas do bolso e enchia os pentes. A metralhadora estava caída ao lado do cubano, que enchia os pentes sem olhálo, apenas com auxílio do tato, tendo os olhos voltados para a popa, com exceção de um, que vigiava Harry. Este, um dos que tinham aparência de índio, fez-lhe um sinal com a pistola para que olhasse para frente. Nenhum barco havia ainda saído em sua perseguição. Os motores funcionavam suavemente e o barco corria a favor da maré. Notou a forte inclinação da bóia em direção ao mar, com a corrente redemoinhando em sua base.

"Existem, apenas, duas lanchas rápidas que nos poderiam alcançar" — pensava Harry. "Uma, a de Ray, está transportando a mala postal de Matecumbe. Onde estará a outra? Vi-a há um par de dias em Ed. No estaleiro de Taylor". Era essa a que pensava em pedir a Bee-lips para alugar. "Há, ainda, outras duas" — lembrou-se Harry. "Uma, o Departamento Rodoviário do Estado faz correr ao longo dos recifes; a outra está ancorada na enseada de Garrison. A que distância já estamos agora?" Olhou para trás, vendo o forte bem para trás, o edifício vermelho do antigo Correio começando a aparecer acima dos prédios do estaleiro naval e o edifício amarelo do hotel dominando o pequeno panorama da cidade. Via-se a enseada do Forte, e o farol mostrava-se acima das casas que se estendiam em direção ao grande hotel de inverno. "Estamos a quatro milhas de distância — "pensou" — "Lá vêm eles" — pensou. Dois barcos de pesca brancos estavam dando a volta no quebra-mar, dirigindo-se para o ponto onde se encontravam. "Não poderão fazer dez" — pensou. "É lamentável".

Os cubanos conversavam em espanhol.

— A que velocidade vamos indo, capitão? — perguntou o cubano gordo, olhando para a popa.

— Cerca de doze — respondeu Harry.

Quanto podem fazer aqueles barcos?

— Talvez dez.

Estavam, agora, todos olhando os barcos, mesmo aquele que deveria vigiar Harry. "Mas que posso fazer?" — pensou este. "Nada, por enquanto".

Os dois barcos brancos não avançavam.

— Veja aquilo, Roberto — disse o cubano que falava de maneira agradável.

— Onde?

— Olhe!

Muito longe, tão longe que mal se podia ver. Um pequeno esguicho ergueu-se da água.

— Estão atirando contra nós — disse o de voz agradável. Que tolice!

— Em nome de Cristo! — disse o de rosto grande. A três milhas.

— Quatro — pensou Harry. Quatro inteiras.

Harry via os pequenos esguichos surgirem na superfície calma da água, mas não podia ouvir os disparos.

— Aqueles *conchs* são lamentáveis — pensou. São ainda piores. São cômicos.

— Que barco do governo é aquele, capitão? — perguntou o de rosto grande, olhando pela popa.

— Guarda-costas.

— Quanto pode fazer?

— Talvez doze.

— Então, agora estamos O.K.?

Harry não respondeu.

Não. Nada disse. Mantinha à sua esquerda a torre de Sandy Key, que se tornava cada vez mais alta e larga, e o posto, nos pequenos baixos de Sandy Key, mostrava-se quase atravessado a estibordo. Em mais dez minutos, teriam passado os recifes.

— Que há com você, capitão? Não pode falar?

— Que me perguntou?

— Se alguma coisa nos pode alcançar agora.

O avião guarda-costas.

— Cortamos o fio do telefone antes de entrarmos na cidade — disse o de voz agradável.

— Mas não cortaram o telégrafo sem fio, cortaram? — perguntou Harry.

— Julga que o avião pode vir até aqui?

— Teremos esse risco até o escurecer — disse Harry.

— O que pensa, capitão? — perguntou Roberto, o de rosto grande.

Harry não respondeu.

— Vamos, o que pensa?

— Por que deixou aquele filho da puta matar meu ajudante? — disse Harry, dirigindo-se ao de voz agradável, que estava em pé a seu lado, olhando a rota do compasso.

— Cale a boca — disse Roberto. Mato você também.

— Quanto dinheiro conseguiram? — perguntou Harry ao cubano de voz agradável.

— Não sabemos. Não contamos ainda. De qualquer maneira, não é nosso.

Haviam passado, agora, a luz e Harry colocou o barco em 25°, sua rota regular para Havana.

— Quero dizer que não o fizemos em nosso próprio benefício. É para uma organização revolucionária.

— Matou meu ajudante por causa disso também?

— Sinto muito — disse o rapaz. Não lhe posso dizer como me sinto mal por causa disso.

— Não tente dizer — replicou Harry.

— Compreende — continuou falando o rapaz — esse Roberto é um homem mau. É um bom revolucionário, mas um homem mau. Matou tanta gente no tempo de Machado, que se habituou. Acha divertido matar. Mata por uma boa causa, naturalmente. A melhor das causas.

O rapaz olhou para Roberto, que estava sentado em uma das cadeiras de pesca na popa, com a metralhadora no colo, olhando para os barcos brancos que, pelo que Harry via, pareciam, agora, muito menores.

— Que tem para beber? — perguntou Roberto, falando da popa.

— Nada — respondeu Harry.

— Bebo do meu, então — disse Roberto.

Um dos outros cubanos estava deitado em um dos bancos construídos sobre os tanques de gasolina. Já parecia estar sofrendo de enjôo. O outro estava também evidentemente sofrendo de enjôo, mas ainda se mantinha sentado.

Olhando para trás, Harry viu um barco cor-de-chumbo, agora além do Forte, adiantando-se sobre os dois barcos brancos.

— Aquele é o barco guarda-costas — pensou. É também lamentável.

— Pensa que o hidroavião virá? — perguntou o de voz agradável.

— Daqui a meia hora estará escuro — respondeu Harry, sentado no banco do leme. Que pensa fazer? Matar-me?

— Eu não desejo fazer isso — disse o rapaz. Odeio matar.

— Que está fazendo? — perguntou Roberto, que estava, agora, sentado com um copo de "uísque" na mão. Fazendo amizade com o capitão? Que quer fazer? Comer na mesa do capitão?

— Tome o leme — disse Harry para o rapaz. Vê essa rota? Duzentos e vinte e cinco.

Levantou-se do banco e dirigiu-se para a popa.

— Deixe-me tomar um gole — disse Harry a Roberto. Lá está o barco guarda-costas, mas não nos pode apanhar.

Havia abandonado, agora, a raiva, o ódio e qualquer dignidade como coisas de luxo e começara a planejar.

— Naturalmente — disse Roberto. Não nos pode apanhar. Olhe aqueles meninos sofrendo de enjôo! Que disse? Deseja um gole? Tem algum outro último desejo, capitão?

— Você gosta muito de amolar os outros — observou Harry, tomando um grande gole.

— Devagar! — protestou Roberto. Isso é tudo o que existe.

— Tenho mais algum — contou Harry. Apenas o estava amolando.

— Não continue a me amolar — disse Roberto, em tom suspeitoso.

— Por que tentaria, eu, isso?

— Que bebida tem?

— "Bacardi".

— Traga-o.

— Não se exalte — disse Harry. Por que fica assim, tão enfezado?

Passou sobre o corpo de Albert ao caminhar para a frente do barco. Quando chegou perto do leme, olhou para o compasso. O rapaz havia deixado afastar-se vinte e cinco graus da rota e o mostrador do compasso estava oscilando. "Ele não é marinheiro" — pensou Harry. "Isso me dá mais tempo". Olha a esteira do barco.

A esteira estendia-se em suas curvas borbulhantes em direção ao ponto onde a luz, agora na popa, mostrava-se castanha, cônica e ligeiramente quadriculada, no horizonte. Os barcos estavam quase fora do alcance da vista. Podia ver uma mancha apenas onde ficavam os postes do telégrafo da cidade. Os motores funcionavam suavemente. Harry colocou sua cabeça por baixo e apanhou uma das garrafas de "Bacardi". Voltou para a popa com a garrafa na mão. Na popa, tomou um gole e entregou a garrafa a Roberto. Permanecendo em pé, olhou para Albert e sentiu-se doente por dentro. "Pobre e faminto bastardo" — pensou.

— Que há? Ele o assusta? — perguntou o cubano de rosto grande.

— Que diz se o jogarmos para fora? — disse Harry. De nada adianta levá-lo conosco.

— O.K. — respondeu Roberto. Você tem bom senso.

— Segure-o por baixo dos braços — recomendou Harry. Eu o apanharei pelas pernas.

Roberto depôs a metralhadora sobre a larga popa e, inclinando-se, levantou o corpo pelos ombros.

— Sabe que a coisa mais pesada no mundo é um homem morto? — comentou. Alguma vez já levantou um homem morto, capitão?

— Não — respondeu Harry. Já ergueu, alguma vez, uma grande mulher morta?

Roberto empurrou o corpo para a popa e, em seguida disse:

— Você é um camarada rijo. Que diz de tomarmos um gole?

— Vamos — respondeu Harry.

— Ouça, sinto tê-lo matado — disse Roberto. Quando matar você, sentirei ainda mais.

— Pare de falar dessa maneira — pediu Harry. Por que deseja continuar falando desse jeito?

— Vamos — disse Roberto. Lá se vai ele.

Quando se inclinaram sobre o corpo e o lançaram pela popa, Harry empurrou a metralhadora com o pé, fazendo-a cair também ao mar. Chocou-se com a água no mesmo tempo que o corpo de Albert, mas enquanto este girou duas vezes na esteira agitada, branca e borbulhante deixada pela hélice, antes de afundar, a metralhadora afundou imediatamente.

— Assim é melhor, hein? — Disse Roberto. Dá-lhe mais aspecto de navio.

Vendo, em seguida, que a metralhadora havia desaparecido, acrescentou:

— Onde está? Que fez com ela?

— Com quê?

— A "metralhadora"! explicou Roberto, falando em espanhol devido à sua excitação.

— O que?

— Não a vi.

— Você a empurrou pela popa. Eu o matarei já.

— Não se exalte — disse Harry. Por que diabo vai me matar?

— Dê-me uma arma — disse Roberto, dirigindo-se a um dos cubanos que sofriam de enjôo. Dê-me uma arma, depressa!

Harry lá permaneceu em pé, nunca tendo se sentido tão alto nem tão largo, sentindo o suor correr de suas axilas e descer pelos lados de seu corpo.

— Você mata demais — disse em espanhol o cubano que sofria de enjôo. Você matou o ajudante. Agora quer matar o capitão. Quem vai dirigir o barco na travessia?

— Deixe-o sossegado — disse o outro. Mate-o quando tivermos chegado.

— Ele jogou a metralhadora para fora — explicou Roberto.

— Nós temos o dinheiro. Para que deseja, agora, uma metralhadora? Existem muitas metralhadoras em Cuba.

— Eu lhes digo que cometerão um erro se não o matarem agora. É o que lhes digo. Dêem-me uma arma.

— Ora, cale a boca! Você está bêbado. Toda vez que fica bêbado, deseja matar alguém.

— Tome um gole — disse Harry, olhando a ondulação da corrente do *Gulf Stream*, onde o sol vermelho tocava a água.

— Veja aquilo! — acrescentou. Quando a água for até o fundo, ficará verde brilhante.

— Para o diabo isso! — exclamou o cubano de rosto grande. Pensa que vai ficar livre por qualquer coisa?

— Eu lhe comprarei outra metralhadora — disse Harry. Custa apenas quarenta e cinco dólares em Cuba. Não se exalte: vocês, agora estão seguros. Não há mais perigo de aparecer nenhum avião guarda-costas.

— Vou matá-lo — disse Roberto, olhando para Harry. Você fez isso de propósito. Foi por isso que me pediu para levantar o corpo.

— Você não me quer matar — disse Harry. Quem vai dirigir o barco durante a travessia?

— Devo matá-lo agora.

— Não se exalte — disse Harry. Vou olhar os motores.

Abriu a escotilha, desceu para dentro, roscou as tampas cheias de graxa dos dois blocos, experimentou os motores e tocou com a mão na coronha da metralhadora "Thompson". — "Ainda não" — pensou. "Não. É melhor não fazer coisa alguma ainda. Cristo, aquilo foi sorte. Que diferença faz para Albert, uma vez que está morto? Será até economia para sua velha, que não o precisará enterrar. Aquele bastardo de cara grande... Aquele bastardo assassino de cara grande... Cristo, gostaria de apanhá-lo agora. Mas farei melhor em esperar".

Levantou-se, subiu para o convés e fechou a escotilha.

— Como está? — perguntou a Roberto.

Harry colocou a mão sobre o ombro gordo do outro. O cubano de rosto grande olhou e nada disse.

— Viu-a ficar verde? — perguntou Harry.

— Vá para o diabo! respondeu Roberto.

O cubano estava bêbado, mas sentia-se dominado por suspeitas e, como um animal, sabia que alguma coisa havia saído errado.

— Deixe-me tomar o leme um pouco — disse Harry, dirigindo-se ao rapaz que segurava o leme. Qual é seu nome?

— Pode chamar-me de Emílio — respondeu o rapaz.

— Vá, lá embaixo, e encontrará alguma coisa para comer. Há pão e carne em conserva. Faça café, se quiser.

— Não quero nada.

— Farei um pouco mais tarde, disse Harry.

Sentou-se ao lado do leme, com a bitácula agora em posição ligeira, mantendo o barco facilmente na rota sobre o mar que ondulava suavemente, enquanto olhava para a noite que caía sobre a água. Não tinha acesa nenhuma das luzes de navegação.

"Era uma bela noite para a travessia" — pensou. "Uma bela noite. Logo que a última claridade tiver desaparecido, tenho de fazê-lo navegar em direção leste. Se não o fizer, avistaremos a iluminação de Havana dentro de uma hora. Dentro de duas horas, no máximo. Logo que veja a iluminação, aquele filho da puta poderá pensar em matar-me. Foi uma sorte ficar livre da metralhadora. Diabo, que sorte! Que será que Marie fez, hoje, para a ceia? Creio que ela está bastante preocupada para poder comer. Quanto dinheiro terão conseguido esses bastardos? Engraçado não o terem contado. Que maneira infernal de arranjar dinheiro para uma revolução. Os cubanos são uma gente dos diabos.

Rapaz perverso, esse Roberto! Eu o apanharei nesta noite. Eu o apanharei aconteça o que acontecer com o resto. Isso, porém, de nada servirá ao pobre Albert. Fez-me sentir mal lançá-lo ao mar daquela maneira. Não sei o que me fez pensar naquilo".

Acendeu um cigarro e ficou fumando no escuro.

"Estou fazendo tudo direito" — pensou. "Estou fazendo melhor do que esperava. O que estava aqui é o tipo do bom rapaz. Desejaria poder levar, também, aqueles outros dois para o mesmo lado. Queria que houvesse um meio de juntá-los todos num grupo. Bem, terei de fazer o melhor que puder. Quanto mais à vontade eu os puder fazer sentir, melhor será. Será tanto melhor quanto mais suavemente tudo correr".

— Quer um sanduíche? — perguntou o rapaz.

— Obrigado — respondeu Harry. Dê um a seu parceiro.

— Ele está bebendo. Não comeria.

— E os outros?

— Estão com enjôo.

— Está fazendo uma bela noite para a travessia — comentou Harry.

Notou, então, que o rapaz não olhava para o compasso e deixou que o barco continuasse se desviando para o leste.

— Eu a apreciaria — disse o rapaz. Se não fosse por causa de seu ajudante.

— Era um bom rapaz — afirmou Harry. Alguém ficou ferido em terra?

— O advogado. Como era o nome dele? Simmons, não é?

— Ficou morto?

— Penso que sim.

"Então", pensou Harry. "O senhor Bee-lips. Que diabo também esperava ele? Como poderia ter pensado que isso não lhe iria acontecer? Era o resultado de fingir ser muito bravo. Esse era o resultado de ser muito esperto demasiadas vezes. O senhor Bee-lips... Adeus, senhor Bee-lips."

— Como foi morto?

— Creio que pode imaginar — respondeu o rapaz. Foi muito diferente do que aconteceu a seu ajudante. Senti-me mal por causa do seu ajudante. Compreende, ele não pretende fazer mal. É apenas o resultado daquela fase de revolução.

— Creio que é, provavelmente, um bom rapaz — disse Harry, enquanto pensava:

"Ouça o que diz minha boca. Que Deus me amaldiçoe, mas minha boca tem de dizer tudo. Tenho de fazer amizade com este rapaz, para o caso...

130

— Que espécie de revolução estão fazendo agora? — perguntou.

— Somos o único partido realmente revolucionário — respondeu o rapaz. Desejamos eliminar todos os velhos políticos, todo o imperialismo americano que nos estrangula, toda a tirania do exército. Queremos começar de novo e dar uma oportunidade a cada homem. Desejamos eliminar a escravidão dos *guajiros*, os camponeses, como sabe, e dividir as grandes plantações de açúcar entre os operários que nelas trabalham. Mas, não somos comunistas.

Harry olhou do mostrador do compasso para o rapaz.

— E como estão indo? — perguntou.

— Somente, agora, levantamos o dinheiro para a luta — respondeu o rapaz. Para isso, temos que utilizar meios que, mais tarde, nunca empregaremos. Precisamos, também, utilizar pessoas que, mais tarde, não empregaremos. Mas o fim justifica os meios. Na Rússia, tiveram que fazer a mesma coisa. Stalin foi uma espécie de salteador durante muitos anos antes da revolução.

"Ele é um radical" — pensou Harry. Isto é o que ele é: um radical.

— Parece-me que têm um bom programa comentou, se vão auxiliar os operários. Eu tomei parte em muitas greves, nos velhos tempos, quando havia as fábricas de cigarros em Key West. Eu teria tido satisfação em fazer o que me fosse possível se soubesse que espécie de gente eram vocês.

— Muita gente nos auxiliaria — disse o rapaz. Devido, porém, ao estado em que está atualmente o movimento, não podemos confiar em ninguém. Lamento muito a necessidade da fase atual. Odeio terrorismo. Sinto-me, também, muito mal diante dos métodos empregados para levantar o dinheiro necessário. Não temos escolha, porém. Não sabe como estão ruins as coisas em Cuba.

— Creio que estão bastante ruins — respondeu Harry.

— Não pode saber até que ponto estão ruins. Existe uma tirania perfeitamente assassina que se estende por todas as aldeias do país. Três pessoas não se podem reunir na rua. Cuba não tem inimigos estrangeiros e não precisa de exército algum, mas temos um exército de vinte e cinco mil homens, que, do cabo para cima, suga o sangue da nação. Todos, mesmo os soldados rasos, estão empenhados em fazer fortuna. Agora temos uma reserva militar, constituída por toda espécie de canalhas, valentões e delatores do tempo de Machado, que tomam, para si, tudo o que o exército não se preocupa em tomar. Precisamos eliminar o exército, antes de podermos iniciar qualquer coisa. Antigamente, éramos governados com bastões. Agora, somos governados com fuzis, pistolas, metralhadoras e baionetas.

— Parece ruim, disse Harry, dirigindo o leme e deixando o barco desviar-se para leste.

— Não pode perceber como é ruim, continuou o rapaz. Amo meu pobre país e faria tudo para libertá-lo dessa tirania que temos agora. Faço coisa que odeio. Mas faria coisas que odeio mil vezes mais.

"Quero tomar um gole" — pensava Harry. "Que diabo me interessa essa sua revolução! Que vá para a... a sua revolução! Para auxiliar o operário, assaltam um banco, matam um camarada que trabalhou com eles e, em seguida, assassinam aquele pobre Albert que nunca fizera mal algum. Foi um operário que mataram. Nunca pensam nisso. Um operário com família. São os cubanos que governam Cuba. Todos atraiçoam uns aos outros. Todos se vendem uns aos outros. Têm o que merecem. Para o inferno suas revoluções! Tudo o que tenho a fazer é ganhar a vida para minha família e não posso fazer isso. Vem ele, então, falarme em sua revolução. Para o inferno sua revolução!"

— Deve ser de fato ruim — disse ao rapaz. Tome o leme por um momento, sim? Quero tomar um gole.

— Pois não, respondeu o rapaz. Como devo dirigir?

— Duzentos e vinte e cinco — explicou Harry.

Estava escuro, agora, e havia muitas ondas a essa distância da costa, no Gulf Stream. Passou pelos dois cubanos com enjôo deitados nos bancos e foi para a popa, onde Roberto estava sentado na cadeira de pesca. A água corria pelos lados do barcos no escuro. Roberto estava sentado com os pés sobre a outra cadeira de pesca, que virara em sua direção.

— Deixe-me tomar um pouco disso — disse-lhe Harry.

— Vá para o inferno, respondeu com voz espessa o cubano de rosto grande — Esta é minha.

— Está bem — disse Harry.

Voltou para a frente do barco e apanhou a outra garrafa. No escuro, embaixo, com a garrafa sob o toco do braço direito, puxou a rolha que Freddie havia tirado e tornado a pôr. Tomou um gole.

"Será tão bom agora quanto em qualquer outra ocasião" — disse a si próprio. Não há senso em esperar mais. O rapazinho já falou bastante. O bastardo de rosto grande está bêbado. Os outros dois estão com enjôo. Pode muito bem ser agora".

Tomou outro gole. O "Bacardi" aqueceu-o e auxiliou-o, mas sentia ainda frio e vazio ao redor do estômago. Estava todo frio por dentro.

— Quer um gole? — perguntou ao rapaz que segurava o leme.

— Não, obrigado — respondeu o rapaz.

Harry tomou um grande gole, mas não conseguiu aquecer a parte úmida e fria que se havia espalhado, agora, de seu estômago para todo o seu peito. Colocou a garrafa no soalho da cabina de comando.

— Conserve o barco nessa rota — recomendou ao rapaz. Vou dar uma olhadela nos motores.

Abriu a escotilha e desceu. Em seguida, fechou a escotilha com um longo gancho, que colocou num buraco do soalho. Inclinou-se sobre os motores; com a mão, experimentou a luva de água e os cilindros, colocando, também, a mão sobre as camisas dos pistões. Apertou as duas tampas de graxa, dando uma volta e meia em cada. "Deixe de embrulhar" — disse para si próprio. "Vamos, deixe de embrulhar! Onde estão suas balas? Por baixo de meu nariz, creio" — pensou.

Olhou para fora pela escotilha. Quase podia tocar os dois bancos sobre os tanques de gasolina onde estavam deitados os cubanos sofrendo de enjôo. O rapaz tinha as costas voltadas para Harry, estando sentado na alta banqueta, destacando-se claramente contra a luz da bitácula. Voltando-se, Harry podia ver Roberto deitado sobre a cadeira na popa, destacando-se contra a água escura.

"Vinte e um em cada pente significam, no máximo, quatro rajadas de cinco tiros — pensou. Preciso ter dedos leves. Está tudo direito. Vamos. Deixe de embrulhar, seu animal medroso. Jesus, o que eu não daria para ter mais um. Bem, agora não existe mais um de maneira alguma". Ergueu sua mão esquerda, abriu o trinco em toda sua extensão, pôs a mão ao redor da guarda do gatilho, puxou a trave até o fim com o polegar e empurrou a metralhadora para fora. Acocorando-se no compartimento dos motores, visou cuidadosamente a base da cabeça do rapaz, onde a mesma se destacava contra a luz da bitácula.

A metralhadora soltou uma pequena chama no escuro e as balas estouraram contra a escotilha aberta e o motor. Antes que o corpo mole do rapaz caísse da banqueta, Harry já se havia voltado e disparado contra a figura deitada no banco da esquerda, quase encostando a saltitante e flamejante metralhadora contra o homem, tão perto que pôde sentir o cheiro de queimado do seu paletó. Virou-se, então, para lançar uma rajada contra o outro banco, onde o homem estava sentado, esforçando-se para arrancar sua pistola. Abaixou-se, ainda mais, e olhou para a popa. Podia ver a silhueta de ambas as cadeiras. Às suas costas, o rapaz jazia imóvel. Não podia haver a menor dúvida quanto a ele. Em um dos bancos, um homem estava sacudindo-se. No outro, podia ver com o canto dos olhos um homem meio deitado sobre o alcatrate, com o rosto caído.

Harry tentava localizar, no escuro. o homem de rosto grande. O barco estava, agora, navegando em círculo e a cabina de comando iluminou-se um pouco. Prendeu a respiração e olhou. Devia ser ele no lugar onde se via aquele ponto mais escuro no canto do soalho. Observou e viu a sombra mover-se um pouco. Era ele.

Estava rastejando em sua direção. Não, em direção ao homem que estava meio caído para fora do barco. Estava procurando a arma do outro homem. Acocorando-se ainda mais, Harry olhou-o mover-se até ter absoluta certeza. Disparou-lhe, então, uma rajada. A arma iluminou suas mãos e joelhos e, quando a chama e o *tá-tá-tá* cessaram, ouviu o cubano cair pesadamente.

— Seu filho da puta! — disse Harry. Bastardo assassino de cara grande!

Todo o frio havia desaparecido agora de seu coração e sentia aquele antigo vazio, cantando. Abaixou-se e procurou sob o tanque de gasolina quadrado e coberto de madeira outro pente para pôr na arma. Apanhou o pente, mas suas mãos ficaram molhadas, esfriando-se ao secar.

"O tanque foi atingido" — disse para si próprio. Tenho de isolar os motores. Não sei onde se isola esse tanque.

Apertou a alavanca, deixou cair o pente vazio, introduziu o novo e subiu para a cabina de comando.

Enquanto permanecia de pé, segurando a metralhadora "Thompson" com a mão esquerda, olhava ao redor antes de fechar a escotilha com o gancho do braço direito. O cubano que havia caído no banco de bombordo, atingido três vezes no ombro esquerdo, tendo dois dos tiros penetrado no tanque de gasolina, sentou-se, visou cuidadosamente e disparou contra a barriga de Harry.

Harry sentou-se numa guinada para trás. Sentiu como se tivesse sido atingido no abdômen por uma cacetada. Suas costas estavam encostadas a um dos canos de ferro que serviam de suporte para as cadeiras de pesca, e, quando o cubano atirou novamente, fazendo lascar a cadeira de pesca acima de sua cabeça, abaixou-se, encontrou a metralhadora "Thompson", ergueu-a cuidadosamente, segurou o prendedor dianteiro com o gancho e disparou metade do pente novo contra o homem que estava sentado, inclinado para frente, atirando calmamente contra ele desde o banco. O homem amoitou-se sobre o banco e Harry procurou no soalho da cabina até encontrar a cabeça do homem de rosto grande, que estava deitado com o rosto para baixo. Sentiu a cabeça com o gancho de seu braço direito, enganchou-a, encostou o cano da arma contra ela e puxou o gatilho. Disparando contra a cabeça, a metralhadora fez um ruído semelhante aos golpes de um cacete sobre uma abóbora. Harry descansou a arma e deitou-se de lado, no soalho da cabina.

— Sou um filho da puta! — disse, com os lábios encostados às tábuas. Sou, agora, um filho da puta liquidado. Tenho de isolar os motores ou voaremos todos pelo ar, pensou. Tenho, ainda, uma oportunidade. Tenho uma espécie de oportunidade. Jesus Cristo. Uma única coisa estragou tudo. Uma única coisa que saiu errada. Maldito. Ó, maldito cubano! Como podia pensar que não o havia liquidado.

Levantou-se sobre as mãos e os joelhos, deixou cair um dos lados da escotilha sobre os motores e rastejou para frente, até onde ficava a banqueta do leme. Ergueu-se sobre ela, admirado ao ver como podia mover-se bem. Em seguida, sentiu-se fraco e aturdido quando permaneceu em pé. Inclinou-se para frente com o braço direito descansando sobre o compasso e desligou ambos os botões. Os motores ficaram silenciosos e Harry podia agora ouvir o ruído da água sobre os lados do barco. Não se ouvia qualquer outro som. O barco oscilou sobre a extensão do mar que o vento norte havia encapelado e começou a balançar.

Pendurou-se sobre o leme e deixou-se cair sobre a banqueta do leme, inclinando-se sobre a mesa de cartas. Podia sentir a força abandoná-lo em meio a uma náusea débil e firme. Abriu a camisa com a mão boa e apertou o buraco com a base da palma da mão, tateando-o em seguida com o dedo. Havia muito pouco sangue. "Tudo por dentro" — pensou. "Será melhor deitar-me e aproveitar uma oportunidade de ficar imóvel."

A lua estava, agora alta e Harry podia ver o que havia na cabina de comando.

"Que confusão" — pensou. "Que diabo de confusão!"

"O melhor será deitar antes que eu caia" — pensou, abaixando-se sobre o soalho da cabina.

Deitou-se de lado e, em seguida, com o balançar do barco, o luar penetrou na cabina e Harry pôde ver claramente tudo o que lá havia.

"Está repleta" — pensou. "Exatamente isso: está repleta". Em seguida, pensou: "Que fará ela? Que fará Marie? Talvez lhe paguem o prêmio. Maldito cubano! Ela se arrumará, creio. É uma mulher esperta. Creio que nós todos poderíamos nos ter arrumado. Creio que foi, de fato, uma bobagem. Creio que mordi mais do que podia mastigar. Não deveria ter tentado. Levei tudo muito bem até o fim. Ninguém jamais saberá como aconteceu. Desejaria poder fazer alguma coisa por Marie. Há muito dinheiro neste barco. Eu me pergunto se a guarda costeira não o roubará. Uma parte dele, creio. Desejaria poder fazer com que a velha soubesse o que aconteceu. Que fará ela? Não sei. Creio que eu deveria ter arranjado um emprego numa bomba de gasolina ou coisa semelhante. Deveria ter deixado de tentar embarcar. Não existe mais dinheiro honesto em barcos. Se esta merda pelo menos não balançasse. Se pelo menos deixasse de balançar. Posso sentir dentro de mim todo esse balanço para diante e para trás. Eu, o Senhor Bee-lips e Albert. Todos os que tinham alguma coisa a ver com o caso. Esses bastardos também. Deve ter sido um negócio infeliz. Que negócio infeliz! Creio que um homem como eu devia era dirigir qualquer coisa como uma bomba de gasolina! Diabo, eu não poderia dirigir uma bomba de gasolina. Marie sim, dirigirá alguma coisa. Ela está velha demais para negociar seu corpo. Gostaria que esta merda não balançasse. Tudo o que tenho a fazer é manter-me calmo. Tenho que manter-me o mais calmo que puder. Dizem que a gente deve não beber água e ficar deitado, imóvel. Dizem, principalmente, que a gente deve não beber água".

Olhou para o que o luar mostrava na cabina.

"Bem, não precisarei limpar o barco" — pensou. Tenho que manter a calma. Disso é que preciso. Manter a calma. Manter a calma o mais que puder. Tenho uma espécie de probabilidade. A gente deve ficar imóvel e não beber água nenhuma."

Deitou-se de costas e tentou respirar firmemente. A lancha balançava-se sobre o Gulf Stream e Harry Morgan mantinha-se deitado de costas na cabina de comando. A princípio, tentou segurar-se contra o balanço, utilizando sua mão boa. Em seguida, ficou deitado, imóvel, e abandonou-se.

Capítulo XIX

Na manhã seguinte, em Key West, Richard Gorgon estava a caminho de casa após uma visita ao estabelecimento de Freddie, onde fora fazer perguntas a respeito do assalto ao banco. Dirigindo sua bicicleta, passou ao lado de uma mulher pesada e grande, de olhos azuis e cabelos loiros descorados, atravessando apressadamente a rua, com os olhos vermelhos de chorar. "Veja aquela grande vaca," — pensou. "Em que pensará uma mulher como aquela? Que fará na cama? Que sente para com ela seu marido, quando ela recebe aquele volume? Com quem se dará ela nesta cidade? Não é, de fato, uma mulher de aparência espantosa? Como um couraçado. Terrível."

Estava, agora, chegando a casa. Deixou a bicicleta no portão e entrou para o corredor, fechando a porta da frente, que as termitas haviam furado e esburacado.

— Que encontrou, Dick? — perguntou sua esposa, falando da cozinha.

— Não fale comigo — respondeu ele. Vou trabalhar. Tenho tudo na cabeça.

— Ótimo — disse ela. Vou deixá-lo sozinho.

Sentou-se à grande mesa da sala da frente. Estava escrevendo um romance sobre uma greve numa fábrica têxtil. No capítulo de hoje, ia utilizar a mulher grande de olhos vermelhos e cheios de lágrimas que vira ao voltar para casa. Seu esposo, quando chegava a casa à noite, odiava-a, odiava a maneira como ela se tornara grosseira e pesada, sentia-se repelido por seus cabelos descorados, seus peitos muito grandes, sua falta de simpatia para com seu serviço de organizador. Comparava-a com a jovem judia de peitos firmes e lábios cheios que falara na reunião daquela noite. Era bom. Era. Podia ser facilmente terrível e era verdadeiro. Havia visto, num relâmpago de percepção, toda a vida interior daquele tipo de mulher.

Vira sua indiferença inicial para com as carícias de seu marido. Seu desejo de ter filhos e segurança. Sua falta de simpatia para com os objetos de seu marido. Suas tristes tentativas de fingir interesse pelo ato sexual, que na verdade se tornara repugnante para ela. Seria um belo capítulo.

A mulher que havia visto era Marie, a esposa de Harry Morgan, que se dirigia para casa, de volta do escritório do xerife.

Capítulo XX

O barco de Freddie Wallace, *Queen Conch*, com trinta e quatro pés de comprimento e um número V tirado em Tampa, era pintado de branco; o *deck* dianteiro, de uma cor chamada verde-alegre e a parte de dentro da cabina de comando, da mesma cor. O teto da cabina também. Seu nome e porto de procedência, Key West, Fla., estavam pintados com tinta preta através da popa. O barco não estava equipado com forquilhas e não tinha mastros. Possuía, porém, pára-brisas, um dos quais, situado na frente do leme, estava quebrado. Havia certo número de buracos novos e lascados na madeira recém-pintada de seu casco. Manchas lascadas podiam ser vistas em ambos os lados do casco, abaixo do alcatrate e um pouco à frente do centro da cabina. Havia outro grupo de lugares lascados quase à altura da linha d'água, no lado do estibordo do casco, do lado oposto do pontalete traseiro que segurava a casa ou toldo. Dos mais baixos desses buracos, alguma coisa escura havia pingado e pendurava-se em linhas viscosas sobre o casco pintado de novo.

O barco vogava de costado, impulsionado pelo delicado vento norte, até dez milhas para fora da rota dos petroleiros que navegavam para o norte, destacando-se alegre em seu colorido branco e verde contra as águas azuis-escuras do Gulf Stream. Havia manchas de sargaço amarelo flutuando na água e passando lentamente ao lado do barco, em direção norte e leste, enquanto o vento anulava um pouco o impulso da lancha, levando-a firmemente para a corrente. Não havia, no barco, sinal de vida, embora o corpo de um homem se mostrasse com aparência bastante inchada, acima do alcatrate, deitado sobre um banco por cima do tanque de gasolina de bombordo, e embora do grande banco que se estendia ao longo do alcatrate de estibordo, um homem parecesse estar se inclinando para enfiar a mão no mar. Sua cabeça e seus braços estavam expostos ao sol e no ponto onde seus dedos quase tocavam a água, havia um cardume de pequenos peixes, de cerca de duas polegadas de comprimento, em forma oval e cor dourada, com listras bastante vermelhas, que tinham abandonado as algas marinhas para se abrigarem à sombra do casco da lancha levada pela corrente. Cada vez que alguma coisa pingava sobre a água, os pequenos peixes corriam em direção à gota, empurrandose e juntando-se até a gota ter desaparecido. Dois grandes peixes-ventosa de cerca de dezoito polegadas de comprimento nadavam em círculos ao redor do barco, na sombra da água, com as bocas rasgadas no alto de suas cabeças chatas abrindo-se e fechando-se. Não pareciam, porém, compreender a regularidade das gotas de que se estavam alimentando os pequenos peixes e, quando caía uma gota, havia tanta probabilidade de estarem perto como do lado oposto. Haviam, há muito tempo, apanhado os coágulos e filetes viscosos e vermelhos que deslizavam para a água desde os mais baixos buracos lascados, sacudindo suas cabeças feias e em forma de ventosas, assim como seus corpos alongados, adelgaçados e de caudas finas. Relutavam, agora, em deixar o local onde haviam sido alimentados de maneira tão boa e inesperada.

Dentro da cabina de comando da lancha, havia três outros homens. Um, morto, jazia deitado de costas onde havia tombado abaixo da banqueta do leme. Outro, também morto, jazia encostado ao embornal ao lado do pontalete traseiro de estibordo. O terceiro, ainda vivo, mas há muito tempo inconsciente, estava deitado de lado com a cabeça entre os braços.

O fundo da lancha estava cheio de gasolina e com os balanços do mar ouvia-se um ruído de vaivém. O homem, Harry Morgan, acreditava que esse som saía de sua própria barriga e parecia-lhe, agora, que sua barriga era como um grande lago que se agitava em ambas as praias ao mesmo tempo. Por isso é que estava agora de costas, com os joelhos erguidos e a cabeça para baixo. A água do lago que havia em sua barriga era muito fria; tão fria que, quando subia para a praia, atordoava-o. Sentia-se extremamente frio no momento e tudo cheirava à gasolina, como se estivesse chupando uma mangueira para encher um tanque. Sabia que não existia tanque algum, embora pudesse sentir uma fria mangueira, que parecia ter entrado por sua boca e estava, agora, enrolada, grande, fria e pesada, em todo seu interior. Cada vez que respirava, a mangueira enrolava-se mais fria e mais firme em seu abdômen inferior. Sentia-a lá como uma grande serpente de movimentos suaves, acima da agitação do lago. Sentia medo dela, mas, embora estivesse dentro de seu corpo, parecia estar agora muito distante. O que o preocupava no momento, era o frio.

O frio estendia-se por todo o seu corpo. Era um frio doloroso, que não se atenuava. Sentia-o agora, deitado imóvel. Durante algum tempo, pensou que, se pudesse dobrar-se sobre si próprio, isso o aqueceria como um cobertor; pensou, por um momento, que se havia dobrado sobre si próprio e estava começando a aquecer-se. Esse calor, porém, era apenas a hemorragia produzida pelo fato de ter erguido os joelhos. Quando o calor desapareceu, compreendeu que não podia dobrar-se sobre si próprio e que não havia outra coisa a fazer com o frio senão aceitá-lo. Permaneceu lá, deitado, tentando, ativamente, com todo seu ser não morrer, até muito tempo depois de já não poder mais pensar. Encontrava-se, agora, na sombra, enquanto o barco vagava ao sabor da ondas, e sentia sempre cada vez mais frio.

A lancha estava sendo arrastada pelas ondas desde as dez horas da noite anterior. Já estava se aproximando o fim da tarde. Não havia nada à vista na superfície do

Gulf Stream, a não ser as algas, algumas visões róseas, inchadas e membranosas de belonaves portuguesas erguendo-se airosamente sobre o mar, e a fumaça distante de um petroleiro carregado navegando de Tampico para o norte.

Capítulo XXI

— Bem — disse Richard Gordon à sua esposa.

— Você está com batom na camisa, respondeu ela. E também na orelha.

— E a respeito daquilo?

— Aquilo o quê?

— Aquilo de encontrá-la deitada na cama com aquele bêbado sujo?

— Você não viu isso.

— Onde a encontrei?

— Encontrou-nos sentados na cama.

— No escuro.

— Onde estava você?

— Na casa dos Bradleys.

— Sim — disse ela. Sei disso. Não chegue perto de mim. Está com o cheiro daquela mulher.

— E você, está com cheiro de quê?

— De nada. Estive apenas sentada, conversando com um amigo.

— Você o beijou?

— Não.

— Ele a beijou?

— Sim. E gostei.

— Cadela.

— Se me chamar outra vez desse nome, eu o abandono.

— Cadela.

— Está bem — disse ela. Está terminado. Se você não fosse tão presumido e eu não fosse tão boa, você já teria visto tudo terminado há muito tempo.

143

— Cadela.

— Não — protestou ela. Eu não sou uma cadela. Tentei ser uma boa esposa, mas você é tão egoísta e tão presumido quanto um galo de terreiro. Está sempre cantando de galo. "Olhe o que eu fiz! Olhe como eu a tornei feliz!" Agora fique correndo e cacarejando. Bem, você não me fez feliz e estou cansada de você. Estou cheia de cacarejar.

— Você não devia cacarejar. Nunca produziu nada que a obrigasse a cacarejar.

— De quem foi a culpa? Eu não queria ter filhos? Mas nunca os pudemos ter. Pudemos porém ir ao Cap d'Antibes nadar e à Suiça praticar esqui. Pudemos vir até aqui em Key West. Estou cansada de você. Tenho-lhe aversão. Essa Bradley de hoje foi a última gota.

— Ora, deixe-a de fora.

— Onde já se viu você chegar em casa cheio de batom. Não podia, pelo menos, ter se lavado? Há batom também em sua testa.

— Você beijou aquele bêbado sujo.

— Não, não beijei. Teria beijado, porém, se soubesse o que você estava fazendo.

— Por que deixou que a beijasse?

— Estava furiosa com você. Cansamos de esperar e esperar. Você nunca mais que vinha. Saiu com aquela mulher e ficou fora durante horas. John trouxe-me para casa.

— Ó! é John, não?

— Sim, John. JOHN. John.

— E qual é o último nome dele? Thomas?

— Seu nome é MacWalsey.

— Por que não o soletra?

— Não posso — respondeu ela, rindo.

Foi a última vez que riu. Com lágrimas nos olhos e agitando os lábios, acrescentou:

— Não pense que tudo está resolvido porque eu ri.

Nada está resolvido. Esta não é uma briga comum. Está tudo acabado. Eu o odeio. Não sinto isso com violência. Apenas sinto aversão por você. Sinto-lhe completa aversão e estou cheia de você.

— Está bem — disse ele.

— Não. Não está bem. Está acabado. Não compreende?

— Creio que sim.

— Não diga creio.

— Não seja melodramática, Helen!

— Então, eu sou melodramática, não é? Bem, não sou. Estou cheia de você.

— Não, não está.

— Não repito mais.

— Que vai fazer?

— Não sei ainda. Talvez me case com John MacWalsey.

— Não se casará.

— Casar-me-ei, se quiser.

— Ele não se casaria com você.

— Ó, sim, casar-se-ia. Pediu-me esta tarde para me casar com ele.

Richard Gordon não disse coisa alguma. Um vazio havia surgido no lugar onde ficava seu coração e tudo o que ouvia ou dizia parecia estar sendo furtivamente ouvido.

— Pediu-lhe o quê? — perguntou, com voz que parecia vir de muito longe.

— Para me casar com ele.

— Por quê?

— Porque me ama. Porque deseja que eu viva com ele. Tem dinheiro suficiente para me manter.

— Você é casada comigo.

— Não sou realmente. Não sou casada na igreja. Você não quis se casar na igreja e isso despedaçou o coração de minha pobre mãe, como bem sabe. Eu era tão sentimental a seu respeito que teria despedaçado o coração de qualquer pessoa por sua causa. Meu Deus, como eu era tola!

145

Despedacei também meu coração. Está despedaçado e liquidado. Tudo aquilo em que eu acreditava e tudo o que me interessava abandonei por sua causa, porque você era tão maravilhoso e porque você me amava tanto que o amor era a única coisa que importava. O amor era a maior das coisas, não era? O amor era o que não tínhamos e ninguém mais tinha ou podia jamais ter. E você era um gênio e eu era toda sua vida. Eu era sua companheira e sua pequena flor morena. Porcaria. O amor é apenas mais uma mentira suja. O amor são pílulas de *ergapiol* que você me fazia tomar porque sentia medo de que eu tivesse filhos. O amor é quinino, quinino e quinino até eu ficar surda em resultado. O amor é aquele aborto horrível que me fez suportar. O amor é o interior de meu corpo todo convulsionado. É metade de cateteres e metade de duchas alucinantes. Conheço bem o amor. O amor sempre está pendurado por trás da porta do banheiro. Tem cheiro como o do *lisol*. Que vá para o diabo o amor! O amor consiste em você me fazer feliz e, em seguida, começar a dormir com a boca aberta, enquanto eu fico acordada durante toda a noite, com medo até de dizer minhas orações, porque sei que não tenho mais direito de fazê-las. O amor são todas aquelas pequenas artimanhas que me ensinou e que, provavelmente, descobriu em algum livro. Muito bem. Estou cheia de você e estou cheia do amor. De sua espécie de amor, que me faz tapar o nariz. Seu escritor!

— Sua putinha irlandesa.

— Não me xingue! Sei o nome feio que lhe serve.

— Está bem.

— Não, não está bem. Está tudo mal e muito mal. Se, pelo menos, você fosse um bom escritor, eu talvez pudesse suportar o resto. Mas eu o vi azedo e ciumento, modificando sua política para se adaptar à moda, lambendo o rosto das pessoas e falando mal delas pelas costas. Eu o vi

146

até ficar cheia de você. E hoje surgiu aquela cadelinha suja e rica da Bradley. Ó! Estou cheia disso! Tentei cuidar de você, animá-lo, vigiá-lo, cozinhar para você, manter-me quieta quando você queria e alegre quando desejava, suportar suas pequenas explosões e fingir que isso me deixava feliz, aguentar suas cóleras, seus ciúmes e suas baixezas. Agora estou cheia.

— Então, agora deseja começar de novo com o professor bêbado?

— Ele é um homem. É bondoso, caridoso e faz a gente sentir-se à vontade. Ambos viemos da mesma origem e temos os mesmos valores, que você nunca teve. Ele é como foi meu pai.

— É um bêbado.

— Ele bebe. Mas meu pai também bebia. E meu pai usava meias de lã, punha os pés sobre uma cadeira e lia o jornal à noite. Quando tivemos crupe, cuidou de nós. Era caldeireiro e suas mãos eram todas quebradas. Gostava de brigar quando estava bêbado e podia brigar também quando estava sóbrio. Ia à missa porque minha mãe queria e cumpria seu dever na Páscoa por ela e por Nosso Senhor, mas principalmente por ela. Era um bom homem de união e, se jamais esteve com outra mulher, minha mãe nunca o soube.

— Aposto como esteve com muitas.

— Talvez, mas, se esteve, contou ao padre, não à minha mãe. E, se esteve, foi porque não podia deixar de o fazer, mas lamentava-se e arrependia-se. Não o fazia por curiosidade ou por orgulho de galo de terreiro, nem para poder dizer à sua esposa que era um grande homem. Se o fazia, era porque minha mãe ficava conosco, as crianças, durante o verão, e ele saía com os rapazes e se embebedava. Ele era um homem.

— Você devia ser escritora e escrever a respeito dele.

— Eu seria melhor escritora que você. E John MacWalsey é um homem bom. Isso é que você não é.

Você não poderia ser. Não importa qual seja sua política ou sua religião.

— Eu não tenho religião.

— Nem eu tenho. Mas já tive e vou ter de novo. E você não estará lá para tomá-la de mim, como me tomou tudo o mais.

— Cadela.

— Não. Pode ir deitar-se com qualquer mulher rica, como Helène Bradley. Ela gostou de você? Achou que você é maravilhoso?

Olhando para o rosto triste e zangado, que o pranto tornava mais bonito, com os lábios frescos e inchados como alguma coisa depois da chuva, o cabelo encaracolado e preto caído sobre o rosto, Richard Gordon cedeu finalmente:

— E você não mais me ama?

— Odeio até mesmo essa palavra.

— Está bem — disse ele.

De repente, esbofeteou-a duramente no rosto. Ela chorou agora de dor, não de raiva, com rosto caído sobre a mesa.

— Não precisava ter feito isso! — disse.

— Ó, sim, precisava — respondeu ele. Você sabe muita coisa, mas não sabe como eu precisava fazer isso.

Naquela tarde, ela não o havia visto quando a porta abriu-se. Não via outra coisa senão o forro branco, com seus adocicados desenhos de cupidos, pombos e espirais, que a luz, entrando pela porta aberta, repentinamente tornou claros.

Richard Gordon virou a cabeça e viu-o, pesado e barbudo em pé na soleira da porta.

— Não pare! — disse Helène. Por favor, não pare.

Sua cabeça brilhante espalhava-se pelo travesseiro.

Richard Gordon, porém, havia parado e sua cabeça ainda estava virada, com os olhos fitos na porta.

148

— Não se incomode com ele. Não se incomode com nada. Não vê que não pode parar agora? — Dizia a mulher, com desesperada ansiedade.

O homem barbudo havia fechado a porta maciamente. Estava sorrindo.

— Que aconteceu, querido? — Perguntava Helène Bradley, novamente nas trevas.

— Tenho de ir embora.

— Não vê que não pode ir?

— Aquele homem...

— Aquele é apenas Tommy — respondera Helène. Sabe tudo a respeito dessas coisas. Não se incomode com ele. Vamos, querido. Por favor, vamos.

— Não posso.

— Tem de fazer — dissera Helène.

Richard Gordon pudera senti-la sacudindo-se e a cabeça dela tremia sobre seus ombros.

— Meu Deus! exclamara ela. Não sabe coisa alguma? Não tem consideração alguma para com uma mulher?

— Tenho de ir — respondera Richard Gordon.

No escuro, sentira sua bofetada no rosto, que fizera surgir chamas em seus olhos. Em seguida, outra bofetada. Na boca, desta vez.

— Então, você é um homem dessa espécie — disse ela. Pensei que fosse um homem do mundo. Saia daqui.

Fora dessa forma que passara a tarde. Assim é que terminara sua visita à casa dos Bradley.

Agora sua esposa estava sentada com a cabeça inclinada sobre as mãos, que descansavam na mesa, e nenhum deles dizia coisa alguma. Richard Gordon podia ouvir o tique-taque do relógio e sentia-se tão vazio quanto o quarto estava silencioso. Depois de algum tempo, sua esposa lhe disse:

— Lamento que isso tenha acontecido. Mas, vê que está terminado, não vê?

— Sim, se é assim que tem sido.

— Não foi sempre assim, mas há muito tempo é assim.

— Sinto tê-la esbofeteado.

— Ó, isso não é nada. Isso não tem coisa alguma a ver com o caso. Foi apenas uma maneira de dizer adeus.

— Não diga isso.

— Preciso ir embora — disse ela muito cansada. Creio que terei de levar aquela mala grande.

— Deixe para ir pela manhã — disse ele. Não pode fazer tudo pela manhã?

— Prefiro fazê-lo agora, Dick. Será mais fácil. Mas, estou tão cansada! Isso me deixou tão cansada e deu-me dor de cabeça.

— Fará o que desejar.

— Ó, meu Deus — disse ela. Desejaria que não tivesse acontecido tal coisa. Mas aconteceu. Tentarei arrumar tudo para você. Precisará de alguém para cuidar de você. Se eu não tivesse dito algumas daquelas coisas e se você não me tivesse batido, talvez pudéssemos arrumar tudo de novo.

— Não. Antes, já estava tudo acabado.

— Sinto tanta pena de você, Dick.

— Não sinta pena de mim, senão a esbofeteio de novo.

— Creio que me sentiria melhor se me esbofeteasse. Sinto tanta pena de você. Ó, como sinto.

— Vá para o inferno!

— Lamento ter dito aquilo, de você não ser bom na cama. Não sei nada a esse respeito. Creio que você é maravilhoso.

— Você também não é uma maravilha — disse ele.

Ela começou novamente a chorar.

— Isso é pior que uma bofetada — disse.

— Bem, que foi que você disse?

— Não sei. Não me lembro. Estava tão zangada e você me bateu.

— Bem, está tudo acabado. Por que ficarmos zangados, portanto?

— Ó, eu não quero que esteja acabado. Mas está e não há coisa alguma a fazer.

— Você terá seu professor bêbado.

— Não diga isso — protestou ela. Não podemos calar-nos e não dizer mais coisa alguma?

— Sim.

— Concorda?

— Sim.

— Eu dormirei aqui fora.

— Não. Pode ficar na cama. Deve fazer isso. Eu vou sair um pouco.

— Ó, não saia!

— Tenho de sair — respondeu ele. Adeus.

Richard Gordon viu seu rosto que amava tanto e que o pranto nunca prejudicara, seus cabelos pretos e encaracolados, seus peitos firmes por baixo do suéter encostados à beira da mesa. Não podia ver o resto de seu corpo que também amava tanto e que julgara ter satisfeito, mas ao qual evidentemente não fizera bem algum. Essa parte estava embaixo da mesa e, quando saiu pela porta, ela o olhara através da mesa. Tinha o queixo nas mãos e estava chorando.

Capítulo XXII

Não tomou a bicicleta, mas desceu a rua caminhando. O luar, agora, estava alto e as árvores destacavam-se escuras contra ele. Passou pelas casas com seus quintais estreitos, dos quais saía luz através das janelas fechadas. Viu as avenidas não calçadas, com suas duplas fileiras de casas, cidade *Conch*, onde tudo era formal, bem fechado: virtude, fracasso, papas de milho com peixes cozidos, subnutrição, preconceito, retidão, inter-educação e os confortos da religião; as casas de "bolito" cubanas, com as portas abertas e iluminadas, cabanas cujo único romance era representado por seus nomes: "The Red House", "Chicha's". A comprimida igreja de pedra, com seu campanário fino e seus triângulos feios destacando-se contra o lugar. Os grandes terrenos e a massa longa do convento, com sua capela escura, bonito sob o luar; uma bomba de gasolina, um bar de sanduíches, brilhantemente iluminado ao lado de um terreno vazio, onde havia sido instalado um campo de golfe em miniatura. Passou pela rua principal, brilhantemente iluminada, com suas três *drug stores*, a loja de músicas, as cinco lojas judaicas, os três salões de bilhar, duas barbearias, cinco cervejarias, três sorveterias, cinco restaurantes pobres e um bom, duas bancas de revistas e jornais, quatro lojas de artigos de segunda mão (uma das quais fabricava chaves), um estúdio fotográfico, um prédio de escritórios com quatro consultórios de dentista nos andares superiores, a grande "loja de dois mil réis", um hotel na esquina, com os táxis do lado oposto e, por trás do hotel, do outro lado, na rua que levava para a zona perdida, a grande casa sem pintura com as lâmpadas e as moças na porta, o piano mecânico funcionando e um marinheiro sentado na rua. Em seguida, no fundo, passou por trás do edifício de tijolos do tribunal com seu relógio luminoso marcando dez e meia; passou pelo branco prédio da cadeia brilhando ao luar, até a entrada coberta de folhagens do "Lilac Time", onde automóveis enchiam a alameda.

O "Lilac Time" estava brilhantemente iluminado e cheio de gente. Quando entrou, Richard Gordon viu que o salão de jogo estava repleto, com a roleta girando e a bolinha batendo suavemente contra as repartições de metal da roda que girava cada vez mais lenta, com a bola zumbindo, saltando, em seguida, vivamente até cair numa das repartições. Ouviam-se, então, apenas o girar da roda e o bater das fichas. No bar, o proprietário, que estava servindo com dois garçons, disse:

— Alô, "seu" Gordon. Que vai tomar?

— Não sei — respondeu Richard Gordon.

— Não está com boa aparência. Que aconteceu? Não está se sentindo bem?

— Não.

— Eu vou lhe arrumar alguma coisa muito boa, para deixá-lo bom. Já experimentou um absinto espanhol, *ojen*?

— Sirva-o.

— Depois de bebê-lo, sentir-se-á bem. Desejará lutar contra todos os que estão na casa — disse o proprietário. Faça para o "seu" Gordon um *ojen* especial.

Em pé, ao lado do bar, Richard Gordon bebeu três *ojens* especiais, mas não se sentia melhor. A bebida opaca, adocicada, fria e com gosto de licor, não o fazia sentir-se diferente de maneira alguma.

— Dê-me alguma outra coisa — disse ao garçon.

— Que aconteceu? Não gostou do *ojen* especial? — Perguntou o proprietário. Não se sente bem?

— Não.

— Precisa ter cuidado com o que bebe por cima dele.

— Dê-me um uísque puro.

O uísque aqueceu sua língua e o fundo de sua garganta, mas não alterou suas idéias. De repente, olhando para o espelho por trás do bar, percebeu que beber não lhe faria, agora, bem algum. Qualquer coisa que tivesse agora, já a tinha e a teria de então por diante; se bebesse até ficar inconsciente, quando acordasse lá estaria ela.

Um homem alto e muito magro, com alguns fios esparsos de barba branca no queixo, que se encontrava em pé, ao lado de Richard Gordon, no bar, perguntou:

— Você não é Richard Gordon?

— Sou.

— Eu sou Herbert Spellman. Conhecemo-nos numa festa em Brooklin, em certa ocasião, segundo me parece.

— Pode ser — respondeu Richard Gordon. Por que não?

— Gostei muito de seu último livro — disse Spellman. Gostei de todos.

— Fico satisfeito em saber — disse Richard Gordon. Toma um gole?

— Estou tomando — respondeu Spellman. Já experimentou este *ojen*?

— Não me fez bem algum.

— Que lhe acontece?

— Sinto-me abatido.

— Por que não experimenta outro?

— Não. Tomo uísque.

— Compreende, para mim representa alguma coisa conhecê-lo, disse Spelman. Não creio que se recorde de mim naquela festa.

— Não. Mas talvez tivesse sido uma boa festa. Nem sempre a gente se lembra de uma boa festa, não é?

— Penso que não — disse Spellman. Foi em casa de Margaret Van Brunt. Lembra-se? — perguntou, com um tom de esperança na voz.

— Estou tentando lembrar.

— Fui eu que pus fogo na casa — explicou Spellaman.

— Não diga! — exclamou Gordon.

— É verdade — disse Spellman, alegremente. Fui eu. Aquela foi a melhor festa em que já estive.

— Que está fazendo agora? — perguntou Gordon.

— Não muita coisa — respondeu Spellman. Estou passeando um pouco, gozando uma espécie de descanso. Está escrevendo algum novo livro?

— Estou — respondeu Gordon. Está quase na metade.

— Ótimo! — exclamou Spellman. A respeito de quê?

— Uma greve numa fábrica têxtil.

— Isso é maravilhoso. Sabe que sou louco por tudo o que se refere a conflito social.

— Como?

— Gosto disso — explicou Spellman. Aprecio mais que qualquer outra coisa. Você é incontestavelmente o melhor de todos. Ouça: não tem uma bela agitadora judia no seu livro?

— Por quê? — perguntou Gordon, com suspeita.

— É um papel para Sylvia Sidney. Estou apaixonado por ela! Quer ver a fita dela?

— Já assisti — respondeu Richard Gordon.

— Vamos tomar um gole — disse Spellman, alegremente. Imagine eu encontrá-lo aqui. Sabe, sou um camarada feliz. Realmente feliz.

— Por quê? — perguntou Richard Gordon.

— Sou louco, respondeu Spellman. Ui, é maravilhoso. É o mesmo que estar apaixonado, com a diferença que no fim tudo dá certo.

Richard Gordon afastou-se um pouco.

— Não seja assim — disse Spellman. Eu não sou violento. Isto é, quase nunca sou violento. Vamos, tomemos um gole!

— É louco há muito tempo?

— Penso que sempre fui — explicou Spellman. Afirmo-lhe que essa é a única maneira de ser feliz numa época como a nossa. Que me importa o que faz a "Douglas Aircraft"? Que me importa o que faz a "A.T. and T."? Não me podem tocar. Contento-me em apanhar um de seus livros, tomar um gole ou assistir a um filme de Sylvia Sidney e sou feliz. Sou como um pássaro. Melhor que um pássaro. Sou uma...

Spellman interrompeu-se, parecendo hesitar e procurar uma palavra.

— Sou uma adorável e pequena cegonha! — explodiu por fim, corando.

Olhou fixamente para Richard Gordon, com seus lábios movendo-se. Um grande jovem loiro destacou-se de um grupo que estava no fundo do bar e, aproximando-se, colocou a mão sobre o braço de Spellman, dizendo:

— Vamos, Harold — É melhor ir para casa.

Spellman olhou selvagemente para Richard Gordon e disse:

— Ele escarneceu de uma cegonha. Fugiu de uma cegonha. Uma cegonha que gira em vôo circular...

— Vamos, Harold — disse o grande rapaz loiro.

Spellman estendeu a mão para Richard Gordon, dizendo:

— Nada de ressentimentos. Você é um bom escritor. Conserve-se assim. Lembre-se de que eu sempre sou feliz. Não permita que o confundam. Vê-lo-ei em breve.

Com o braço do rapaz corpulento sobre seu ombro, os dois atravessaram a multidão até a porta. Spellman olhou para trás e piscou para Gordon.

— Belo rapaz — disse o proprietário, batendo com a mão na cabeça. Muito bem-educado. Creio que estudou demais. Gosta de quebrar copos. Mas não tem intenção de fazer qualquer mal. Paga tudo o que quebra.

— Vem aqui muitas vezes?

— Ao anoitecer. Que disse que era? Um cisne?

— Uma cegonha.

— Na outra noite era um cavalo. Com asas. Como o cavalo de uma garrafa do "White Horse", mas com um par de asas. Belo rapaz, de fato. Tem muito dinheiro. Tem idéias estranhas. A família o mantém aqui com aquele rapaz para cuidar dele. Ele me disse que gosta de seus livros, senhor Gordon. Vai tomar outro uísque? Por conta da casa.

— Um "uísque" — disse Richard Gordon.

Nesse momento, avistou o xerife que se aproximava. O *sheriff* era um homem extremamente alto, quase cadavérico e muito amistoso. Richard Gordon conhecera-o naquela tarde, na festa dos Bradley, e conversara com ele a respeito do assalto ao banco.

— Escute — disse o xerife , se não está fazendo nada, venha comigo daqui a pouco. O guarda-costas está rebocando o barco de Harry Morgan. Um petroleiro localizou-o ao largo de Matacumbe. Apanharam todo o grupo.

— Meu Deus, disse Richard Gordon. Apanharam todos.

— Estavam todos mortos, com exceção de um homem, segundo dizia a mensagem.

— Não sabe quem é?

— Não. Não disseram. Só Deus sabe o que aconteceu.

— Apanharam o dinheiro?

— Ninguém sabe. Devia, porém, estar a bordo, se não chegaram a Cuba com ele.

— Quando chegarão?

— Ó, demorará ainda duas ou três horas.

— Onde encostarão o barco?

— No estaleiro naval, creio. No lugar onde o guarda-costas atraca.

— Onde o encontrarei para ir até lá?

— Passarei por aqui para apanhá-lo.

— Aqui ou lá embaixo, no Freddie. Não posso suportar isso aqui por muito tempo.

— Esta noite vai ser bastante dura no Freddie. Está cheio daqueles veteranos vindos dos *Keyss*. Sempre provocam encrenca.

— Vou até lá embaixo dar uma olhada — disse Richard Gordon. Estou me sentindo muito abatido.

— Bem, não se meta em encrencas — recomendou o xerife. Eu o procurarei daqui a um par de horas. Quer que o leve até lá?

— Obrigado.

Saíram e, após atravessar a multidão, Richard Gordon sentou-se ao lado do xerife no automóvel.

— Que julga ter acontecido no barco de Morgan? — perguntou. Não tiveram qualquer outra informação?

— Nada, respondeu o xerife. Olhe para aquilo agora.

Encontravam-se do lado oposto à porta dianteira do estabelecimento de Freddie, brilhantemente iluminado e cheio até o passeio. Homens vestindo *dungaree*, outros com a cabeça descoberta, outros com bonés, velhos quepes militares e capacetes de papelão, amontoavam-se em três fileiras diante do bar, enquanto o alto-falante da vitrola, daquelas que tocam quando se coloca um níquel, tocava "Ilha de Capri". Quando procuraram entrar, um homem saiu violentamente pela porta aberta, com outro homem por cima. Caíram e rolaram pelo passeio. O homem que estava por cima segurou os cabelos do outro com ambas as mãos e bateu-lhe a cabeça diversas vezes contra o cimento, fazendo um ruído de deixar doente. Ninguém no bar lhes prestava a menor atenção.

O xerife saiu do carro e agarrou pelos ombros o homem que se encontrava por cima.

— Pare com isso! — disse. Levante-se!

O homem endireitou-se e olhou para o xerife.

— Em nome de Cristo, não pode ir cuidar de seus próprios negócios?

O outro homem, com os cabelos ensangüentados, com sangue correndo de uma das orelhas e mais sangue escorrendo pelo rosto sardento, fitou o xerife.

— Deixe meu companheiro sossegado! disse, com voz fraca. Que aconteceu? Pensa que não posso agüentá-lo?

— Você pode aguentar, Joey — disse o homem que o estivera martelando. Escute, xerife, não pode me deixar tomar um gole?

— Não — respondeu o xerife.

— Então, vá para o inferno!

Voltando-se para Richard Gordon, disse:

— E você, que diz, companheiro?

— Pago-lhe um gole — respondeu Gordon.

— Vamos — disse o veterano, tomando o braço de Gordon.

— Passarei por aqui mais tarde — disse o xerife.

— Muito bem. Estarei esperando por você.

Quando se aproximaram da extremidade do bar, o homem de cabelos vermelhos e rosto sardento, com sangue pela orelha e pelo rosto, agarrou o braço de Gordon.

— Meu velho amigo — disse.

— Ele está bem — explicou o outro veterano. Ele pode aguentar.

— Posso aguentar, ouviu? — disse o de rosto ensangüentado. É nesse ponto que os apanho.

— Mas não pode devolver os golpes — disse um outro qualquer. Deixe de empurrar.

— Deixe-nos entrar — disse o de rosto ensangüentado. Deixe entrar a mim e meu velho amigo.

Segredando no ouvido de Richard Gordon, disse:

— Não preciso devolvê-los. Posso aguentar, viu?

— Ouça — disse o outro veterano, quando chegaram finalmente ao bar ensopado de cerveja. Precisava tê-lo visto ao meio-dia no comissariado do Campo Quinto. Eu o havia derrubado e estava batendo em sua cabeça com uma garrafa, como se estivesse batendo num tambor. Aposto como lhe bati cinquenta vezes.

— Mais — disse o homem de rosto ensanguentado.

— Não causou a ele a menor impressão.

— Eu posso aguentar — disse outro, segredando no ouvido de Richard Gordon. É um segredo.

Richard Gordon apanhou duas ou três cervejas que o garçom negro, de jaqueta branca e barriga saliente, lhe estendera e puxou-as em sua direção.

— Que segredo? — perguntou.

— Eu — disse o de rosto ensangüentado. Meu segredo.

— Ele tem um segredo — explicou o outro veterano. Não está mentindo.

— Quer ouvi-lo? — perguntou o de rosto ensanguentado, falando no ouvido de Richard Gordon.

Gordon fez que sim com a cabeça.

— Não me machuca.

O outro concordando com a cabeça, disse:

— Conte-lhe o pior de tudo.

O homem de cabelos vermelhos encostou seus lábios ensangüentados quase na orelha de Gordon.

— Às vezes, faz-me sentir bem — disse. Que acha disso?

Ao lado de Gordon estava um homem alto e magro, com uma cicatriz que se estendia do canto do olho até o queixo. Olhou para o homem de cabelos vermelhos e sorriu, mostrando os dentes.

— A princípio era uma arte — disse. Depois, tornou-se um prazer. Se há coisas que me deixam doente, você é uma dessas coisas, Red.

— Você fica doente com muita facilidade. — disse o primeiro veterano. Em que companhia estava?

— Não significaria nada para você, bêbado sem-vergonha. — disse o homem alto.

— Toma um gole? — perguntou Richard Gordon, dirigindo-se ao homem alto.

— Obrigado — respondeu o outro. Já estou bebendo.

— Não se esqueça de nós — disse um dos dois homens com os quais Gordon havia entrado.

— Mais três cervejas — pediu Gordon.

O negro apanhou as cervejas e empurrou-as em direção a Gordon. Não havia espaço suficiente para erguê-las entre a multidão e Gordon viu-se imprensado contra o homem alto.

— Desceu de um navio? — perguntou o homem alto.

— Não. Estou hospedado aqui. Chegou dos *Keys*?

— Chegamos nesta noite de Tortugas — explicou o homem alto. Fizemos tal inferno, que não nos puderam deixar lá.

— Ele é um vermelho — disse o primeiro veterano.

— O mesmo seria você se tivesse cérebro melhor. — disse o homem alto. Mandaram um grupo nosso para lá, a fim de se verem livres de nós, mas fizemos tal inferno que foi demais para eles.

Sorriu para Richard Gordon, mostrando os dentes.

— Agarrem aquele sujeito! — gritou alguém.

Richard Gordon viu um punho atingir um rosto que se encontrava a seu lado. O homem que recebera o golpe foi arrastado para fora do bar por dois outros. No espaço limpo, um dos homens golpeou-o outra vez, duramente no rosto, enquanto o outro batia-lhe no corpo. O homem caiu sobre o chão de cimento e cobriu a cabeça com as mãos, enquanto um dos outros dois batia-lhe com os pés nas costas. Durante todo o tempo, o homem espancado não emitiu um som. Um dos homens ergueu-o e empurrou contra a parede.

— Bata no filho da puta! — disse ele, enquanto o homem se debatia, com o rosto branco encostado à parede.

O segundo homem preparou-se, com os joelhos ligeiramente curvados e, em seguida, lançou seu punho direito que levantou de perto do chão de cimento e acertou num lado do maxilar do homem de rosto branco. Este caiu para frente sobre os joelhos e, em seguida, dobrou-se lentamente, com a cabeça em um pequeno charco de sangue. Os dois homens deixaram-no lá e voltaram para o bar.

— Puxa! Você sabe golpear! — disse um deles.

— Aquele filho da puta vem à cidade e emprega todo seu pagamento em bônus postal. Em seguida, fica por aí apanhando bebidas esquecidas no bar. É essa a segunda vez que bato nele.

— Você bateu de fato esta vez.

— Quando o golpeei há pouco, senti o seu maxilar como se fosse um saco de bolinhas — disse o outro com alegria.

O homem ferido estava deitado, encostado à parede e ninguém lhe prestava atenção.

— Ouça: se você me desse um soco como aquele, não me faria a menor impressão — disse o veterano de cabelos vermelhos.

— Cale a boca, tonto! — disse o espancador. Você tem sífilis.

— Não, não tenho.

— Vocês, bêbados, me deixam doente. — disse o espancador. Por que iria machucar as mãos em você?

161

— Isso mesmo é que você iria fazer: machucar as mãos.
— respondeu o de cabelos vermelhos.

— Ouça, companheiro — acrescentou, dirigindo-se a Richard Gordon. Que diz de tomarmos outra?

— Não são uns belos rapazes? — Disse o homem alto. A guerra é uma força purificadora e enobrecedora. A questão é saber se as pessoas, como nós, são adequadas para a tarefa de soldado ou se foram os diversos serviços que nos formaram.

— Não sei — disse Richard Gordon.

— Gostaria de apostar com você como nem três dos homens que estão neste salão são convocados. — disse o homem alto. Estes constituem a elite. A verdadeira nata do creme. O tipo dos homens com os quais Wellington venceu em Waterloo. Pois bem, o senhor Hoover nos expulsou dos apartamentos de Anticosti e o senhor Roosevelt nos embarcou para cá, a fim de ficarem livres de nós. Dirigem o campo de maneira a convidar uma epidemia, mas os pobres bastardos não morrem. Embarcaram alguns de nós para Tortugas, mas, agora, aquilo é saudável. Além disso, não o toleramos. Por isso, nos trouxeram de volta. Qual será o próximo movimento? Eles precisam ficar livres de nós. Compreende, não?

— Por quê?

— Porque nós somos os desesperados — respondeu o homem. Os que nada têm a perder. Somos os completamente brutalizados. Somos piores que o material com que o Spartacus original trabalhou. É duro, porém, tentar fazer alguma coisa, porque fomos tão batidos até agora, que o único consolo é a bebida e o único orgulho é a capacidade de resisti-la. Nem todos nós, porém, somos assim. Há entre nós alguns que vão resolver tudo.

— Há muitos comunistas no campo?

— Apenas uns quarenta — explicou o homem alto. Entre dois mil homens. É necessário disciplina e abnegação para ser comunista; um bêbado não pode ser comunista.

— Não lhe dê atenção — disse o veterano de cabelos vermelhos. Ele é apenas um maldito radical.

— Ouça — disse o outro veterano que estava bebendo cerveja com Richard Gordon. Deixe-me contar-lhe o que acontece na marinha. Deixe-me contar-lhe, maldito radical.

— Não ouça o que ele diz — insistiu o de cabelos vermelhos. Quando a esquadra está em Nova York e a gente vai para terra, à noite, por baixo do Riverside Drive, há velhos de longas barbas que descem e a gente pode... em suas barbas pôr um dólar. Que pensa disso?

— Pago-lhe outro gole. — disse o homem alto. E você esquece isso. Não gosto de ouvir falar nisso.

— Não esqueço coisa alguma. — respondeu o de cabelos vermelhos. Que há com você, companheiro?

— É verdade esse negócio sobre as barbas? — perguntou Richard Gordon, que estava se sentindo um pouco mal.

— Juro por Deus e por minha mãe! — afirmou o de cabelos vermelhos. Diabo, isso não é nada.

Pouco acima do bar, um veterano estava discutindo com Freddie a respeito do pagamento de um gole.

— Foi isso o que tomou, disse Freddie.

Richard Gordon observou a fisionomia do veterano. Estava muito bêbado, com os olhos injetados de sangue, e procurava encrenca.

— Você é um maldito mentiroso! — disse a Freddie.

— Oitenta e cinco "cents" — disse Freddie.

— Veja isso! — exclamou o veterano de cabelos vermelhos.

Freddie abriu as mãos sobre o balcão. Estava observando o veterano.

— Você é um maldito mentiroso! — disse o veterano, apanhando uma garrafa para arremessá-la.

Quando sua mão agarrou a garrafa, a mão direita de Freddie descreveu meio círculo sobre o balcão e deixou

163

cair um grande saleiro coberto por uma toalha sobre a cabeça do veterano.

— Não foi limpo? — Retrucou o veterano de cabelos vermelhos. Não foi bonito?

— Precisava vê-lo martelá-los com aquele taco de bilhar. — disse o outro.

Dois veteranos que se encontravam em pé, perto do lugar onde caíra o homem atingido pelo saleiro, olharam encolerizados para Freddie.

— Que idéia é essa de espancá-lo?

— Não se exaltem, recomendou Freddie. Este é por conta da casa. Hei, Wallace! Encoste este sujeito na parede.

Um jovem, de constituição robusta, havia arrastado o homem atingido pelo saleiro através da multidão. Ergueu-o e, enquanto o homem olhava-o com expressão vazia, disse:

— Vá embora correndo! Vá tomar um pouco de ar!

— Meu maxilar está quebrado — queixou-se, com a voz fraca, o homem que fora espancado.

O sangue corria de sua boca e sobre seu queixo.

— Tem sorte de não estar morto, com aquele soco que ele lhe deu — disse o jovem de constituição robusta. Agora, vá embora também correndo.

— Meu maxilar está quebrado — disse o outro com voz embotada. Quebraram meu maxilar.

— Fará melhor em ir embora correndo — disse o jovem. Aqui apenas arranjará encrenca.

Auxiliou o homem de maxilar quebrado a levantar-se. Este cambaleou sem firmeza para a rua.

— Já vi uma dúzia deles deitados contra aquela parede, em uma grande noite — disse o veterano de cabelos vermelhos. Certa manhã, vi aquele macacão ali lavando o chão com um balde. Não o vi lavando com um balde?

— Sim, senhor — respondeu o grande garçom negro. Muitas vezes. Sim, senhor. Mas nunca me viu brigar com pessoa alguma.

— Não lhes disse? — perguntou o de cabelos vermelhos. Com um balde.

— Hoje parece que vai ser uma grande noite — disse o outro veterano que, voltando-se para Richard Gordon, perguntou:

— Que disse, companheiro? Vamos tomar mais uma?

Richard Gordon podia sentir que estava ficando embriagado. Seu rosto, refletido no espelho por trás do balcão, estava começando a parecer-lhe estranho.

— Qual é seu nome? — perguntou ao comunista alto.

— Jacks — disse o homem alto. Nelson Jacks.

— Onde esteve antes de vir para cá?

— Ó, por aí — respondeu o homem. México, Cuba, América do Sul e por aí.

— Eu o invejo — comentou Richard Gordon.

— Por que me inveja? Por que não se põe a trabalhar?

— Escrevi três livros — disse Richard Gordon. Estou escrevendo um agora sobre a Gastônia.

— Muito bem! — disse o homem alto. Isto é magnífico. Como disse que era seu nome?

— Richard Gordon.

— Ó! — exclamou o homem alto.

— Que significa esse "ó"?

— Nada — respondeu o homem alto.

— Já leu os livros? — perguntou Richard Gordon.

— Li.

— Não gostou deles?

— Não.

— Por quê?

— Prefiro não dizer.

— Vamos, diga.

— Achei que eram uma droga — respondeu o homem alto, afastando-se.

— Creio que esta é minha noite — disse Richard Gordon. Esta é minha grande noite.

Dirigindo-se ao veterano de cabelos vermelhos, perguntou:

— Que disse que estava querendo? Ainda me restam dois dólares.

— Uma cerveja — respondeu o homem de cabelos vermelhos. Ouça: você é meu companheiro. Acho que seus livros são ótimos. Para o diabo aquele bastardo radical.

— Você não tem um dos livros com você? — perguntou o outro veterano. Gostaria de ler um deles, companheiro. Já escreveu para "Western Stories" ou "War Aces"? Eu seria capaz de ler aquele "War Aces" todo dia.

— Quem é aquele pássaro alto? — perguntou Richard Gordon.

— Já lhe disse que é apenas um bastardo radical, declarou o segundo veterano. O campo está cheio deles. Nós os expulsamos, mas posso dizer-lhe que, na metade do tempo, a maior parte dos rapazes do campo não pode se lembrar.

— Não podem lembrar o quê? — perguntou o de cabelos vermelhos.

— Não podem lembrar coisa alguma. — respondeu o outro.

— Está me vendo? — perguntou o de cabelos vermelhos.

— Sim — respondeu Richard Gordon.

— Poderia imaginar que eu tenho a mulherzinha mais linda do mundo?

— Por que não?

— Bem, a verdade é que tenho — disse o de cabelos vermelhos. E aquela jovem é louca por mim. É como uma escrava. "Dê-me outra xícara de café", digo-lhe eu. "O.K., querido", responde ela. E me dá o café. Tudo o mais é do mesmo jeito. Faz tudo por mim. Um capricho que eu tenha é lei para ela.

— Mas onde está ela? — perguntou o outro veterano.

— Isso. — disse o de cabelos vermelhos. Isso, companheiro. Onde está ela?

— Ele não sabe onde ela está — explicou o segundo veterano.

— Não é apenas isso. — continuou o de cabelos vermelhos. Não sei também onde a vi pela última vez.

— Não sabe nem sequer em que país ela está.

— Mas, ouça, companheiro. — disse o de cabelos vermelhos. Onde quer que esteja, aquela menina é fiel.

— Isso é uma verdade de Deus. — confirmou o outro veterano. Pode apostar sua vida nisso.

— Às vezes, continuou o de cabelos vermelhos, penso que ela pode ser Ginger Rogers e ter ido para o cinema.

— Por que não? — retrucou o outro.

— Outras vezes, porém, vejo-a apenas esperando-me calmamente lá onde eu moro.

— Mantendo acesas as lareiras do lar, disse o outro.

— Isso — concordou o de cabelos vermelhos. Ela é a mais linda mulherzinha do mundo.

— Ouça — disse o outro. Minha mãe também é O.K.

— Tem razão.

— Ela está morta — disse o segundo veterano. Não falemos nela.

— Você não é casado, companheiro? — perguntou o veterano de cabelos vermelhos, dirigindo-se a Richard Gordon.

— Claro que sou — respondeu Richard Gordon.

Um pouco abaixo do bar, uns quatro homens adiante, Richard pôde ver o rosto vermelho, os olhos azuis e o bigode ruivo e molhado de cerveja do professor MacWalsey. O professor MacWalsey olhava fixamente para frente e, enquanto Richard Gordon o observava, terminou seu copo de cerveja, ergueu o lábio inferior e limpou a espuma do bigode. Richard Gordon reparou como seus olhos eram azuis claros.

Enquanto o observava, Richard Gordon experimentou uma sensação doentia no peito. Percebeu, pela primeira vez, o que sente alguém quando olha para o homem por cuja causa sua esposa vai deixá-lo.

— Que aconteceu, companheiro? — perguntou o veterano de cabelos vermelhos.

— Nada.

— Não está se sentindo bem? Posso afirmar que está se sentindo mal.

— Não — disse Richard Gordon.

— Parece ter visto um fantasma.

— Vê aquele camarada de bigode, ali? — perguntou Richard Gordon.

— Aquele?

— Sim.

— Que tem ele? — perguntou o segundo veterano.

— Nada — disse Richard Gordon. Maldito seja. Nada.

— Ele o incomoda? Podemos espancá-lo. Nós três podemos saltar sobre ele e você poderá meter-lhe os pés.

— Não — respondeu Richard Gordon. De nada adiantaria.

— Nós o apanharemos quando ele estiver fora, disse o veterano de cabelos vermelhos. Não gosto da aparência dele. O filho da puta parece-me ser um canalha.

— Eu o odeio — disse Richard Gordon. Ele arruinou minha vida.

— Nós lhe daremos a recompensa — disse o segundo veterano. O rato amarelo. Ouça, Red, apanhe um par de garrafas. Nós o espancaremos até matá-lo. Ouça: quando ele fez isso, companheiro? Vamos tomar mais uma?

— Temos um dólar e setenta, disse Richard Gordon.

— Talvez seja melhor, então, tomarmos um *pinti*, disse o veterano de cabelos vermelhos. Meus dentes estão balançando agora.

— Não — respondeu o outro. Esta cerveja é boa para você. Esta é cerveja de fato. Continue com a cerveja. Vamos dar uma surra naquele camarada e voltamos em seguida a tomar mais uma cerveja.

— Não. Deixem-no sossegado.

— Não, companheiro. Não faremos tal coisa. Você disse que aquele rato arruinou sua esposa.

— Minha vida. Não minha esposa.

— Diabo! Perdoe-me. Sinto muito, companheiro.

— Ele deu um desfalque e arruinou o banco — disse o outro veterano. Aposto como há um prêmio para quem o agarrar. Por Deus! Vi um retrato dele hoje no correio.

— Que estava fazendo no correio? — perguntou o outro cheio de suspeita.

— Não posso receber uma carta?

— E por que não recebe suas cartas no campo?

— Pensa que fui lá por causa dos bônus postais?

— Que estava fazendo no correio?

— Apenas parei lá.

— Tome isto — disse o outro, lançando-se contra o primeiro, da melhor maneira que lhe era possível no meio da multidão.

— Lá vão aqueles dois colegas de cela. — disse alguém.

Agarrando-se e espancando-se, ajoelhando-se e dando cabeçadas, os dois foram empurrados porta afora.

— Deixem-nos lutar no passeio. — disse o rapaz de ombros largos. Aqueles bastardos lutam três ou quatro vezes por noite.

— São um par de bêbados. — disse outro veterano. Red outrora podia lutar, mas apanhou a sífilis.

— Ambos a têm.

— Red apanhou-a, lutando contra um camarada no ringue — contou um veterano gordo e baixo. O tal camarada tinha a sífilis e estava todo ferido nos ombros e nas costas. Toda vez que se agarravam, ele esfregava o ombro sobre o nariz ou a boca de Red.

— Ora, bobagem. Essa história é mentira. Ninguém jamais apanhou a sífilis de qualquer outra pessoa durante uma luta.

— É o que você pensa. Ouça: Red era um camarada limpo como você nunca viu. Eu o conheci. Estava no meu grupo. Era também um bom lutador. Quero dizer bom mesmo. Era casado com uma bela jovem. Quero dizer bela mesmo. E aquele Benny Sampson transmitiu-lhe assim a sífilis tão certo quanto eu estar aqui em pé.

— Então sente-se. — disse outro veterano. Como Poochy a apanhou?

— Apanhou-a em Shangai.

— E você, onde apanhou a sua?

— Eu não tenho isso.

— Onde Suds apanhou a dele?

— Com uma garota de Brest, ao voltar para a pátria.

— Vocês só falam sobre isso. A sífilis. Que diferença faz a sífilis?

— Nenhuma, da maneira como estamos agora — disse um veterano. A gente é feliz do mesmo jeito com ela.

— Poochy é mais feliz. Não sabe onde se encontra.

— O que é a sífilis? — perguntou o professor MacWalsey, dirigindo-se ao homem que estava a seu lado no bar.

Depois do homem lhe ter explicado, o professor disse:

— Gostaria de saber de onde se deriva a expressão.

— Não sei — disse o homem. Sempre ouvi dizer sífilis, desde a primeira vez que me alistei. Alguns a chamam de "rale". Geralmente, porém, dão-lhe o nome de sífilis.

— Gostaria de saber, disse o professor MacWalsey. A maioria dessas expressões são formadas por velhas palavras inglesas.

— Por que a chamam de sífilis? — perguntou o outro veterano que estava ao lado do professor MacWalsey.

— Não sei.

Ninguém parecia saber, mas todos apreciavam a atmosfera de séria discussão filológica.

Richard Gordon estava, agora, ao lado do professor MacWalsey, no bar. Quando Red e Poochy começaram a lutar, Gordon havia sido empurrado até lá e não resistira ao movimento.

— Alô — disse-lhe o professor MacWalsey. Deseja um gole?

— Não com você — respondeu Richard Gordon.

— Creio que tem razão, concordou o professor MacWalsey. Já tinha visto alguma coisa como isso?

— Não — disse Richard Gordon.

— É muito estranho — explicou o professor McWalsey. São espantosos. Sempre venho aqui à noite.

— Nunca se mete em encrenca?

— Não. Por que me aconteceria isso?

— Bêbados gostam de brigar.

— Parece-me que nunca tive qualquer encrenca.

— Um par de amigos meus desejava espancá-lo há apenas alguns minutos.

— Sim?

— Gostaria de os ter deixado.

— Não creio que isso fizesse grande diferença — disse o professor MacWalsey, com aquela sua estranha maneira de falar. Se o incomodo por estar aqui, posso ir-me embora.

— Não — respondeu Richard Gordon. Eu pareço gostar de estar perto de você.

— Sim — disse o professor MacWalsey.

— Já foi casado? — perguntou Richard Gordon.

— Já.

— Que aconteceu?

— Minha esposa faleceu durante a epidemia de influenza, em 1918.

— Por que deseja tornar a casar-se agora?

— Penso que me adaptarei melhor com o casamento agora. Creio que talvez serei agora um melhor esposo.

— E por isso escolheu minha esposa.

— Sim — disse o professor MacWalsey.

— Maldito seja! disse Richard Gordon, atingindo-o no rosto.

Alguém agarrou seu braço. Esforçou-se por libertar-se e alguém o atingiu violentamente por trás da orelha. Não podia ver o professor MacWalsey, que se encontrava à sua frente, imóvel no bar, com seu rosto vermelho e seus olhos piscando. Estava apanhando outra cerveja para substituir a que Gordon havia derramado. Richard Gordon recuou o braço para atacá-lo de novo. Quando o fez, algo explodiu por trás de sua orelha e todas as luzes clarearam, giraram e, em seguida, desapareceram.

Em seguida, viu-se na porta do estabelecimento de Freddie. Sua cabeça zunia e o salão repleto parecia instável e girava ligeiramente. Sentia-se mal do estômago. Podia ver a multidão que o observava. O jovem de ombros largos estava de pé a seu lado.

— Ouça — dizia ele. Não vai começar nenhum barulho aqui. Já há aqui brigas suficientes com aqueles bêbados.

— Quem me bateu? — perguntou Richard Gordon.

— Eu lhe bati — disse o jovem de ombros largos. Aquele camarada é um freguês habitual aqui. Você está querendo levar tudo por bem. Não está querendo brigar aqui dentro.

Permanecendo em pé com pouca firmeza, Richard Gordon viu o professor MacWalsey aproximar-se, afastando-se do bar cheio de gente.

— Sinto muito — disse ele. Não desejava que alguém o espancasse. Não o culpo por sentir-se como se sente.

— Maldito! — disse Richard Gordon, investindo contra o professor.

Foi essa a última coisa de que se lembrou, pois o jovem preparou-se, abriu seus ombros ligeiramente e esbofeteou-o de novo, fazendo-o cair, desta vez com o rosto contra o chão de cimento. O jovem vigoroso voltou-se para o professor MacWalsey e disse em tom hospitaleiro:

— Está tudo bem, doutor. Ele não o aborrecerá mais. Que aconteceu com ele?

— Preciso levá-lo para casa — respondeu o professor MacWalsey. Ele ficará bom?

— Claro.

— Ajude-me a colocá-lo num táxi — disse o professor.

Levaram Richard Gordon para fora e, com o auxílio do motorista de um táxi, colocaram-no num velho carro modelo T.

— Tem certeza de que ele ficará bom? — perguntou o professor MacWalsey.

— Basta apenas puxar com força suas orelhas quando quiser que ele acorde. Jogue um pouco de água sobre ele. Cuidado para que não deseje brigar quando voltar a si. Não o deixe agarrá-lo, doutor.

— Não — disse o professor MacWalsey.

A cabeça de Richard Gordon descansava num ângulo estranho sobre o fundo do táxi e sua respiração fazia um ruído pesado e áspero. O professor MacWalsey colocou o braço sobre sua cabeça e segurou-a, para que não batesse contra o assento.

— Para onde vamos? — perguntou o motorista do táxi.

— Saia pela outra extremidade da cidade — disse o professor MacWalsey. Passe pelo Parque. Desça pela rua da loja onde se vendem tainhas.

— Aquela é a Rocky Road — disse o motorista.

— Sei — disse o professor MacWalsey.

Quando passaram pelo primeiro café, no alto da rua, o professor MacWalsey disse ao motorista para parar. Desejava entrar e comprar cigarros. Descansou cuidadosamente a cabeça de Richard Gordon sobre o assento e entrou no café. Quando voltou para o táxi, Richard Gordon havia desaparecido:

— Onde foi ele? — perguntou ao motorista.

— Olha ele lá em cima na rua! — respondeu o motorista.

— Alcance-o.

Quando o táxi parou ao lado de Richard Gordon, o professor saiu e encontrou-o caído ao longo do passeio.

— Vamos, Gordon! — disse ele. Vamos para casa.

Richard Gordon fitou-o.

— Nós? disse ele, cambaleando.

— Desejo levá-lo para casa nesse táxi.

— Vá para o inferno!

— Queria que você viesse — disse o professor MacWalsey. Desejo que você chegue em casa com segurança.

— Onde está sua quadrilha? — perguntou Richard Gordon.

— Que quadrilha?

— A sua quadrilha que me espancou.

— Isso foi aquele valentão quem fez. Eu não sabia que ele ia bater em você.

— Está mentindo! — disse Richard Gordon.

Em seguida, tentou atingir o homem de rosto vermelho que tinha à sua frente, mas errou o alvo. Escorregou para frente sobre os joelhos e levantou-se lentamente. Seus joelhos estavam arranhados pelo passeio, mas não sabia disso.

— Vamos lutar! — disse, falando aos arrancos.

— Não vou lutar — respondeu o professor MacWalsey. Se entrar no táxi, eu o deixarei em sua casa.

— Vá para o inferno! — disse Richard Gordon, e começou, em seguida, a descer a rua.

— Deixe-o ir, aconselhou o motorista do táxi. Ele está bom, agora.

— Acha que está bom?

— Diabo! disse o motorista. Está perfeito.

— Estou preocupado por causa dele — disse o professor MacWalsey.

— Não poderá levá-lo sem brigar com ele, comentou o motorista. Deixe-o ir. Ele está muito bem. É seu irmão?

— De certa maneira — respondeu o professor MacWalsey.

Observou Richard Gordon que cambaleava rua abaixo, até perdê-lo de vista na sombra das grandes árvores, cujos ramos aprofundavam-se no terreno para crescer como raízes. O que pensava ao observar Richard Gordon não era nada agradável. "É um pecado mortal" pensava ele — "um pecado grave e mortal, além de uma grande crueldade. Embora tecnicamente uma religião, possa permitir seu resultado final, não posso perdoar a mim mesmo. Por outro lado, um cirurgião não pode desistir de uma operação apenas pelo temor de machucar o paciente. No entanto, por que deverão todas as operações na vida ser realizadas sem anestésicos? Se eu fosse um homem melhor, eu o teria deixado bater-me. Seria melhor para ele. Pobre estúpido. Pobre homem desamparado. Devia ter ficado a seu lado, mas sei que isso seria demais para que ele suportasse. Estou envergonhado e desgostoso comigo mesmo, e odeio o que fiz. Tudo poderá também dar maus resultados. Entretanto, não devo pensar a esse respeito. Não voltarei ao anestésico que usei durante dezessete anos e de que não precisarei mais. Todavia, provavelmente, trata-se de um vício para o qual apenas invento desculpas. Mas, de qualquer forma, é um vício ao qual me adaptava. Desejaria, porém, poder auxiliar aquele pobre homem ao qual prejudiquei.

— Leve-me de volta para o Freddie, ordenou ao motorista.

Capítulo XXIII

O *cutter* do guarda-costas que rebocava o "Queen Conch" estava descendo o estreito canal entre os recifes e os *Keys*. O "cutter" balançava-se sobre as fortes ondas formadas pelo vento norte que soprava contra a maré alta, mas o barco branco estava sendo rebocado com facilidade e perfeição.

— Ele irá muito bem se não ventar — disse o capitão do guarda-costas. Está sendo muito bem rebocado também. Aquele Robby constrói belos barcos. Você conseguiu compreender alguma coisa do que ele disse?

— Ele não dizia coisa alguma que tivesse sentido — respondeu o ajudante. Está delirando.

— Creio que morrerá mesmo — disse o capitão. Baleado na barriga daquele jeito. Acha que ele matou aqueles quatro cubanos?

— Não podemos dizer. Perguntei-lhe, mas não entendi o que eu disse.

— Deveremos falar com ele de novo?

— Vamos dar uma olhadela nele — disse o capitão.

Deixando o contra-mestre no leme, seguindo as bóias canal abaixo, os dois foram para trás da cabina de comando até a cabina do capitão. Harry Morgan lá estava deitado sobre a cama de canos de ferro. Seus olhos estavam fechados, mas abriu-os quando o capitão tocou em seus ombros largos.

— Como está se sentindo, Harry? — perguntou o capitão.

Harry olhou para o capitão e não respondeu.

— Podemos trazer-lhe alguma coisa, rapaz? — perguntou o capitão.

Harry Morgon fitou-o.

— Ele não o ouviu — disse o ajudante.

— Harry! — disse o capitão. Deseja alguma coisa, rapaz?

Molhou uma toalha na garrafa de água que se encontrava sobre o balanceiro ao lado da tarimba e umedeceu os lábios de Harry Morgan. Estavam secos e escuros. Olhando para ele, Harry Morgan começou a falar:

— Um homem — disse ele.

— Claro — comentou o capitão. Vamos.

— Um homem — repetiu Harry Morgan, muito lentamente. Não tem nada, não teve nada, realmente não pode ter qualquer saída.

Interrompeu-se. Enquanto falava, não havia em seu rosto expressão alguma.

— Vamos Harry — insistiu o capitão. Conte-nos quem fez isso. Como aconteceu, rapaz.

— Um homem — disse Harry, olhando agora para o

176

capitão com seus olhos estreitos em seu rosto largo e de maçãs salientes, tentando contar-lhe.

— Quatro homens — disse o capitão para o auxiliar.

Umedeceu, então, novamente os lábios de Harry, apertando a toalha a fim de que algumas gotas caíssem entre os lábios.

— Um homem — corrigiu Harry, interrompendo-se em seguida.

— Está bem. Um homem — concordou o capitão.

— Um homem — repetiu Harry, em tom monótono, muito devagar, falando com a boca seca. Da maneira como as coisas são, da maneira como elas correm, não tem importância, não.

O capitão olhou para o ajudante e sacudiu a cabeça.

— Quem fez isso, Harry — perguntou o ajudante.

Harry olhou para ele.

— Não se iluda — disse Harry.

O capitão e o ajudante inclinaram-se sobre ele. Agora estava se reanimando.

— É o mesmo que tentar passar um carro pelo alto de um morro. Naquela estrada de Cuba. Ou em qualquer estrada. Em qualquer parte. É exatamente assim. Quero dizer que as coisas são assim. A maneira como acontecem. Durante algum tempo, sim, claro, tudo muito bem. Talvez com sorte. Um homem.

Interrompeu-se novamente. O capitão sacudiu de novo a cabeça para o ajudante. Harry Morgan olhou para ele com expressão monótona. O capitão tornou a umedecer os lábios de Harry, que deixaram na toalha uma marca sangrenta.

— Um homem — repetiu Harry, olhando para ambos. Um homem sozinho não pode. Nenhum homem sozinho agora.

Após uma pausa, acrescentou:

— Não importa como, mas um homem sozinho não tem nunca uma maldita oportunidade e...

Fechou os olhos. Havia demorado muito tempo para se expressar e fora necessária toda sua vida para aprender isso. Permaneceu lá, deitado, com os olhos novamente abertos.

— Vamos — disse o capitão para o ajudante. Tem certeza de que não deseja coisa alguma, Harry?

Harry Morgan olhou-o, mas não respondeu. Havia-lhes dito, mas eles não tinham ouvido.

— Voltaremos de novo — disse o capitão. Conserve-se calmo, rapaz.

Harry Morgan observou-os saírem da cabina.

Na frente, na cabina do leme, olhando para o escuro e para a luz do *Sombrero*, que começava a estender-se pelo mar, o ajudante disse:

— Ele lhe disse as fantasias de sua cabeça daquela maneira.

— Pobre rapaz! — disse o capitão. Bem, estaremos em terra dentro de bem pouco tempo. Chegaremos pouco depois da meia-noite. Se não tivermos que retardar a marcha por causa do reboque.

— Acha que ele viverá?

— Não — respondeu o capitão. No entanto, a gente nunca pode dizer.

Capítulo XXIV

Havia muita gente na rua escura do lado de fora dos portões de ferro que fechavam a entrada da antiga base de submarinos, transformada, agora, em doca deiates. O guarda cubano tinha ordem de não deixar entrar pessoa alguma e a multidão comprimia-se contra a cerca para olhar através das barras de ferro o espaço escuro iluminado, ao longo da água, pelas luzes dos iates que estavam atracados nos molhes. A multidão mantinha-se silenciosa como somente era possível ao povo de *Key West*. Os donos de iate abriam caminho, empurrando e acotovelando, passando pelo portão e pelo guarda.

— Hei! Não pode entrar — disse o guarda.

— Que diabo! Nós somos de um iate.

— Ninguém pode entrar — disse o guarda. Voltem.

— Não seja estúpido — disse um dos donos do iate, empurrando o guarda para um lado a fim de subir pelo caminho que levava até a doca.

Por trás deles, amontoava-se a multidão do lado de fora dos portões, onde o pequeno guarda permanecia em pé, incomodado e ansioso, com seu boné, seu longo bigode e sua autoridade desobedecida, desejando ter uma chave para fechar o grande portão. Quando os homens do iate avançaram a grandes passadas pelo caminho escarpado, viram à sua frente, ao passarem, um grupo de homens esperando no molhe do guarda-costas. Não prestaram atenção ao grupo, mas continuaram caminhando ao longo da doca, passaram pelos molhes onde estavam atracados os outros iates e chegaram até onde um pranchão se estendia, sob a claridade de um holofote, desde o molhe de madeira bruta até o convés de teca do "New Exuma II". Na cabina principal, sentaram-se em grandes cadeiras de couro, ao lado de uma mesa sobre a qual se espalhavam revistas. Um deles tocou a campainha para chamar o garçom.

— Uísque e soda — disse ele. E você, Henry?

— Também — disse Henry Carpenter.

— Que teria acontecido àquele asno imbecil no portão?

— Não tenho a menor idéia — respondeu Henry Carpenter.

O garçom com sua jaqueta branca trouxe dois copos.

— Toque aqueles discos que separei ontem, depois do jantar — disse o dono do iate, cujo nome era Wallace Johnston.

— Creio que os guardei de novo, senhor — respondeu o garçom.

— Maldito seja! — disse Wallace Johnston. Toque, então, aquele novo álbum de Bach.

— Muito bem, senhor.

O garçom foi até a estante de discos e tirou um álbum, que levou para a vitrola. Começou a tocar a "Sarabande".

— Viu Tommy Bradley hoje? — perguntou Henry Carpenter. Eu o vi quando o avião chegou.

— Não posso tolerá-lo — respondeu Wallace. Nem ele, nem aquela prostituta da esposa dele.

— Gosto de Helène — disse Henry Carpenter. Ela tem tão boa disposição.

— Já experimentou?

— Naturalmente. É maravilhosa.

— Não posso suportá-la por preço algum — observou Wallace Johnston. Por que, em nome de Deus, vive ela aqui?

— Eles têm uma casa adorável.

— Esta é uma doca de iate pequena, linda e limpa — disse Wallace Johnston. É verdade que Tommy Bradley é impotente?

— Não penso que seja. Conta-se isso a respeito de toda gente. Ele tem apenas um espírito aberto.

— Espírito aberto é uma coisa excelente. Ela também deve ter espírito aberto, se é que tem algum.

— É uma mulher notavelmente bonita — disse Henry Carpenter. Você gostaria dela, Walley.

— Não gostaria — disse Wallace. Ela representa tudo o que odeio numa mulher e Torry Bradley evidencia tudo o que odeio num homem.

— Você se sente extraordinariamente violento esta noite.

— Você nunca se sentirá violento porque não tem consistência — disse Wallace Johnston. Não pode tomar decisões. Não sabe nem mesmo o que é.

— Deixe-me de lado — disse Henry Carpenter, acendendo um cigarro.

— Por que o faria?

— Bem, um dos motivos é que eu vou com você em seu maldito iate e pelo menos, metade do tempo, faço o que você deseja fazer. Isso evita que você pregue chantagem aos condutores de ônibus, marinheiros e outros, que sabem o que são eles e o que é você.

— Você, como um belo gênio — disse Wallace Johnston. — sabe que nunca preguei chantagem.

— Não. É muito mesquinho para isso. Para substituí-lo, tem amigos como eu.

— Não tenho qualquer outro amigo como você.

— Não seja conquistador! — disse Henry. Não me sinto com disposição esta noite. Continue tocando Bach, incomode seu garçom, beba um pouco demais e, depois, vá para a cama.

— Que lhe aconteceu? — perguntou o outro, levantando-se. Por que está tão diabolicamente desagradável? Você não é tão grande negócio, sabe disso.

— Sei — respondeu Henry. Estarei muito alegre amanhã. Esta, porém, é uma noite má. Nunca notou qualquer diferença nas noites? Creio que, quando a gente é bastante rico, não há qualquer diferença.

— Está falando como uma menina de colégio.

— Boa noite — disse Henry Carpenter. Não sou menina de colégio, nem menino de colégio. Vou para cama. Tudo estará muito alegre pela manhã.

— Quanto perdeu? É isso que o deixa tão sombrio?

— Perdi trezentos.

— Está vendo? Não lhe disse que era isso?

— Você sempre sabe, não?

— Mas olhe. Você perdeu trezentos.

— Perdi mais do que isso.

— Quanto mais?

— O *jackpot*, disse Henry Carpenter. O eterno *jackpot*. Estou jogando, agora, numa máquina que não dá mais *jackpots*. Apenas esta noite pensei nisso. Geralmente não penso a esse respeito. Agora vou para casa a fim de não o aborrecer.

— Você não me aborrece. Basta que não tente ser rude.

— Creio que sou rude e você me aborrece. Boa noite. Tudo estará maravilhoso amanhã.

— Você está diabolicamente rude.

— É pegá-lo ou largá-lo — disse Henry. Estive fazendo as duas coisas durante toda minha vida.

— Boa noite — disse Wallace Johnston, com esperança. Henry Carpenter não respondeu. Estava ouvindo Bach.

— Não vá para cama dessa maneira — pediu Wallace Johnston. Por que ser tão sensível?

— Deixe disso.

— Por que? Eu já o vi sair nesse estado mais de uma vez.

— Deixe disso.

— Tome um gole e anime-se.

— Não quero beber e a bebida não me animaria.

— Bem, então vá para a cama.

— Vou — disse Henry Carpenter.

Foi assim que aconteceu aquela noite no "New Exuma II", com uma tripulação de doze homens comandados pelo capitão Nils Larson, mestre, e levando a bordo Wallace Johnston, proprietário, de trinta e oito anos, diplomado em arte por Harvard, compositor, proprietáio de fábricas de seda, solteiro, *interdit de sejour*, em Paris, bastante conhecido desde Argel até Biskra; e um hóspede, Henry Carpenter, de trinta e seis anos, diplomado em arte por Harvard, recebendo, agora, duzentos dólares por mês de um fundo de depósito deixado por sua mãe e que rendia antes quatrocentos e cinquenta dólares por mês, até que o banco que administrava o Fundo de Depósito trocara um bom título por outro bom título, em seguida por outros títulos não tão bons e, finalmente, por um investimento num edifício de escritório que o banco fora forçado a adquirir e que não rendia nada. Muito antes dessa redução de rendimentos, já se dizia de Henry Carpenter que, saltando de uma altura de 5.500 pés com pára-quedas, aterraria a salvo com os joelhos por baixo da mesa de algum homem rico. Mas dava valor a uma boa companhia para seu divertimento e, embora somente nos últimos tempos e muito raras vezes se tivesse sentido ou expressado como fizera essa noite, seus amigos já vinham notando desde algum tempo que ele estava decaindo. Se não tivesse sentido que estava decaindo, com aquele instinto característico dos ricos e que faz sentir quando há algo errado em um dos membros do grupo, dando o desejo de afastá-lo, se for impossível destruí-lo, não teria aceito a hospitalidade de Wallace Johnston. Da maneira como estavam as coisas, porém, Wallace Johnston, com seus prazeres bastante especiais, era a última posição de resistência de Henry Carpenter, que defendia essa posição melhor do que pensava com seu honesto desejo de terminar suas relações; sua subseqüente brutalidade de expressão e sua sincera insegurança de posse intrigavam e seduziam o outro, que poderia, em vista da idade de Henry Carpenter, ficar facilmente aborrecido com uma constante sujeição. Dessa maneira, Henry Carpenter adiou seu inevitável suicídio por um período de semanas, senão de meses.

O dinheiro com o qual achava que não valia a pena viver era cento e setenta dólares a mais por mês do que o salário com que o pescador Albert Tracy vinha sustentando sua família por ocasião de sua morte, três dias antes.

A bordo dos outros iates atracados nos molhes, havia outras pessoas com problemas diversos. Em um dos maiores iates, um belo veleiro preto de três mastros, um corretor de cereais de sessenta anos de idade estava deitado acordado, preocupado pelo relatório que recebera de seu escritório a respeito das atividades dos investigadores do Departamento de Rendas Internas. Habitualmente, a essa hora da noite, já teria acalmado suas preocupações com uísque e chegado ao estado em que se sentia tão rijo e despreocupado das consequências quanto qualquer um dos velhos irmãos da costa, com os quais tinha realmente muito em comum, tanto pelo caráter como pelos padrões de conduta. Seu médico, porém, proibira-lhe toda bebida durante um mês, durante três meses realmente, porquanto lhe dissera que a bebida o mataria se não a deixasse pelo menos durante três meses. Em resultado, resolvera abandonar a bebida durante um mês. Estava, agora, preocupado devido ao telefonema que recebera do Departamento antes de deixar a cidade, perguntando-lhe exatamente para onde ia e se pretendia deixar as águas costeiras dos Estados Unidos.

Estava, agora, deitado, vestido de pijama, sobre sua larga cama, com dois travesseiros sob a cabeça, a luz de cabeceira acesa. Não conseguia, porém, manter a atenção no livro que lia e que era o relato de uma excursão a Galápagos. Nos velhos tempos, nunca as trazia para aquela cama. Possuía-as em suas cabinas e, em seguida, ia para aquela cama. Aquela era a sua cabina, tão particular quanto seu escritório. Nunca desejara ter uma mulher em seu quarto. Quando queria uma mulher, ia até a cabina dela e, quando acabava, estava acabado. Agora, que estava acabado para sempre, seu cérebro tinha a mesma clara frieza que, nos velhos tempos, sobrevinha como um efeito posterior. Estava deitado, agora, sem qualquer consolo bondoso, tendo-lhe sido negada toda a coragem química que acalmara seu espírito e aquecera seu coração durante tantos anos. Perguntava a si próprio o que teria conseguido o Departamento, o que teria encontrado e o que teria agarrado, o que aceitaria como normal e o que afirmaria ser uma evasão. Não os temia, mas apenas odiava-os, da mesma forma que ao poder que usavam de maneira tão insolente, que sua dura, pequena, rija e duradoura insolência, a única coisa permanente que conquistara e que tinha valor real, seria corroída e, se jamais ele sentisse medo, seria destruída.

Não pensava em quaisquer abstrações, mas em negócios, em vendas, em transferências e em lucros. Pensava em ações, em fardos, em milhares de *bushels*, em opções, companhias de títulos, trustes e corporações subsidiárias. Pensando nisso tudo, compreendia que eles tinham coisa bastante para perturbar sua paz durante anos. Se não aceitassem um compromisso, seria muito mau. Nos velhos tempos, não se teria preocupado. Porém, a parte combativa que possuía estava agora cansada, da mesma forma que a outra parte. Estava, agora, absolutamente sozinho naquilo e permanecia deitado na velha, grande e larga cama, sem poder ler nem dormir.

Sua esposa divorciara-se dele dez anos antes, após terem mantido as aparências durante vinte anos. Nunca sentira sua falta e nunca a amara. Principiara com o dinheiro dela, que lhe havia dado dois filhos homens, ambos tão tolos quanto a mãe. Tratara-a bem até quando o dinheiro que havia ganho com o capital inicial dela duplicara-se e, em seguida, pôde dar-se ao prazer de ignorá-la. Depois seu dinheiro havia chegado a tal ponto, que nunca mais se preocupou com as dores de cabeça de sua esposa, suas queixas ou seus planos. Havia-os ignorado.

Havia sido dotado admiravelmente para uma carreira especulativa, pois possuía a extraordinária vitalidade sexual que lhe dava a confiança necessária para jogar bem; senso comum, um excelente cérebro matemático e um ceticismo permanente, mas controlado; um ceticismo tão sensível ao desastre iminente quanto um perfeito barômetro aneróide à pressão atmosférica; e uma valiosa noção de tempo, que não o deixava tentar atingir os altos e baixos. Tudo isso, juntamente com uma falta de moral, uma habilidade em fazer com que os outros o apreciassem, sem nunca apreciá-los ou confiar neles, convencendo-os, ao mesmo tempo, de que sua amizade era calorosa e sincera; não uma amizade desinteressada, mas uma amizade tão interessada pelo êxito dos outros, a ponto de automaticamente transformá-los em cúmplices. E uma incapacidade de sentir remorso ou piedade, tudo isso o levara ao lugar onde estava. E lá estava ele, agora, deitado com seu pijama de seda listrada que cobria seu peito murcho e sua pequena barriga inchada, seus órgãos genitais que haviam sido outrora seu orgulho e agora eram inúteis e desproporcionalmente grandes, suas pernas pequenas e flácidas. Lá estava, deitado sobre a cama, incapaz de dormir porque finalmente sentia remorso.

O remorso que sentia era ao pensar no que aconteceria se não tivesse sido tão esperto cinco anos antes. Podia ter pago os impostos naquela época sem qualquer fraude. Se tivesse feito isso tudo hoje estaria certo. Ficou, portanto, deitado, pensando naquilo e finalmente dormiu. Mas, como o remorso havia encontrado uma vez a brecha e começara a aprofundar-se, não sabia que estava dormindo, pois seu cérebro mantinha-se da mesma forma que quando estava acordado. Assim, não haveria descanso algum e, em sua idade, não demoraria muito tempo para que aquilo o liquidasse.

Costumava dizer que apenas os tolos se preocupavam e agora evitava de preocupar-se até não poder dormir. Podia evitar preocupações até dormir, mas, em seguida, aquilo surgiria. E, como já estava tão velho, a tarefa seria fácil.

Não precisava preocupar-se com o que fizera aos outros, nem com o que lhes acontecera devido a seus atos, nem sobre como haviam terminado; sobre aqueles que se haviam mudado de casas em Lake Shore para aceitar pensionistas em Austin e cujas filhas eram, agora, assistentes de dentista quando tinham emprego; aqueles que terminaram como guardas-noturnos aos sessenta e três anos depois daquela última esquina; aqueles que se balearam, certa manhã, antes do *breakfast* e foram encontrados por seus filhos em meio a uma terrível confusão; aqueles que, agora, andavam de elevador para trabalhar, quando havia trabalho, vendendo primeiro ações, em seguida, automóveis e depois novidades e especialidades domésticas (não queremos bufarinheiros aqui, dá o fora logo! — e a porta batia em sua cara) até modificar a maneira como seu pai havia se retirado, saltando de um 42° andar, sem qualquer ruflar de penas como quando uma águia cai, transformando-a em um passo à frente para o terceiro trilho diante do trem Aurora-Elgin, com o bolso do capote cheio de aparelhos impossíveis de serem vendidos, como batedores de ovos e extratores de suco de frutas. *Deixe-me demonstrar-lhe, minha senhora. A senhora prende-o aqui, aperta este pequeno parafuso. Agora, veja.* Não, não quero. Experimente um. Não quero. Vá-se embora.

Saíam, assim, para a calçada cercada de casas, de pátios vazios e de calçadas nuas, ao longo da qual ninguém desejava aquilo ou qualquer outra coisa e que levava até os trilhos da Aurora-Elgin.

Alguns devem seu longo salto de uma janela de apartamento ou de escritório; alguns preferiam uma maneira silenciosa, numa garagem de dois automóveis, com os motores funcionando; alguns utilizavam a tradição nativa do *Colt* ou do *Smith and Wesson*, esses instrumentos bem construídos que eliminam insônia, fazem cessar o remorso, curam câncer, evitam falências e abrem uma porta para posições intoleráveis, apenas com a pressão de um dedo; esses admiráveis instrumentos americanos, tão fáceis de serem transportados, tão seguros em seus efeitos, tão bem desenhados para terminar o sonho americano quando o mesmo se transforma em pesadelo, e que tem, como única inconveniência, a sujeira que deixam para os parentes limparem.

Os homens a quem ele arruinara haviam recorrido a todas essas saídas, mas isso nunca o preocupara. Alguém tinha de perder e somente os tolos se preocupam.

Não, ele não pensaria nesses homens, nem nos subprodutos de especulação bem-sucedida. Alguém vence; alguém tem de perder e somente os tolos se preocupam.

Era-lhe suficiente pensar em como teria sido melhor se não tivesse sido tão esperto cinco anos antes. Dentro de pouco tempo, na sua idade, o desejo de modificar o que não podia mais ser desfeito abriria uma brecha que deixaria entrar as preocupações. Apenas os tolos se preocupam. Mas ele podia eliminar as preocupações se tomasse um uísque com soda. Para o diabo o que dissera o médico. Tocou a campainha e o garçom entrou sonolento. Enquanto tomava a bebida, o especulador não era um tolo; exceto quanto à morte.

Enquanto isso, no iate vizinho, uma família agradável estúpida e correta, estava adormecida. A consciência do pai era boa e ele dormia pesadamente de seu lado, com um navio clíper navegando na frente de um ramalhete de flores colocado por cima de sua cabeça, com as luzes de cabeceira acesas e um livro caído ao lado da cama. A mãe dormia bem e sonhava com seu jardim. Tinha cinquenta anos, mas era uma mulher bonita, sadia e bem conformada, que parecia atraente enquanto dormia. A filha sonhava com seu noivo, que chegaria no dia seguinte pelo avião, agitava-se em seu sono e ria de alguma coisa no sonho, sem acordar; erguia os joelhos quase até o queixo, enrolava-se como um gato, com seu cabelo encaracolado e seu rosto bonito e de pele macia. Dormindo, parecia com sua mãe quando esta era uma mocinha.

Constituíam uma família feliz, em que todos gostavam uns dos outros. O pai era um homem de orgulho cívico e de muitas boas ações, que se opunha à proibição; não tinha intolerâncias, era generoso, simpático, compreensivo e quase nunca se irritava. A tripulação do iate era bem paga, bem alimentada e tinha bons alojamentos. Todos os tripulantes tinham boa opinião sobre o proprietário, assim como sua esposa e filha. O noivo era um homem de crânio e ossos, destinado, com muita probabilidade a vencer na vida, destinado a ser muito popular, que ainda pensava mais nos outros do que em si próprio e seria bom demais para qualquer uma, menos para uma mocinha tão adorável como Frances. Provavelmente, era bom demais para Frances, também, mas transcoreriam anos antes que ela soubesse disso e, se tivesse sorte, nunca chegaria a saber. O tipo de homem adequado para ossos raramente, é também adequado para a cama; com uma mocinha adorável como Frances, porém, a intenção valia tanto quanto uma realização.

Assim, todos dormiam muito bem. Mas de onde vinha o dinheiro para que fossem tão felizes, o dinheiro que gastavam de maneira tão elegante e graciosa? O dinheiro vinha da venda de algo que todos usavam aos milhões de garrafas, cujo custo de produção era de três *cents* por quarto, mas era vendido a um dólar por garrafa de tamanho grande (um *pint*), cinqüenta *cents* de tamanho médio e um *quarter* do pequeno. Era mais econômico, porém, comprar o tamanho grande e, para quem ganha dez dólares por semana, o preço era exatamente igual ao que se cobrava de um milionário e o produto era realmente bom. Dava exatamente o resultado que se anunciava e ainda mais. Consumidores agradecidos de todo o mundo escreviam cartas, contando como haviam descoberto novos usos e os antigos consumidores eram tão leais ao produto como Harold Tompkins, o noivo, o era para com crânio e ossos ou Stanley Baldwin para com Harrow. Não havia motivos para suicídios quando o dinheiro era ganho daquela maneira e todos podiam dormir sossegadamente a bordo do iate "Alzira III", tendo como mestre John Jackson, uma tripulação de quatorze homens, proprietário e família a bordo.

No molhe número quatro, havia um iate de dois mastros, de trinta e quatro pés, com dois dos trezentos e vinte quatro estonianos que navegavam pelas diversas partes do mundo, em barcos de vinte e oito a trinta e seis pés de comprimento, enviando longos artigos para os jornais estonianos. Esses artigos eram muito populares na Estônia e rendiam para seus autores de um a um dólar e meio por coluna. Ocupavam o lugar que, nos jornais americanos, se destinavam às notícias de beisebol ou futebol e eram publicados sob o título de "Sagas de Nossos Intrépidos Viajantes". Nem um bom ancoradouro de iates nas águas do sul podia ser completo sem ter, pelo menos, dois estonianos, queimados pelo sol e com os cabelos manchados pelo sal, esperando um cheque como pagamento de seu último artigo. Quando o cheque chegava, navegavam para outro ancoradouro de iates e escreviam outra saga. Eram, também, muito felizes. Quase tão felizes quanto a gente do "Alzira III". É muito bom ser um "Intrépido Viajante".

No "Irydia IV", dorme o amante profissional da riquíssima Dorothy, esposa do bem pago diretor de Hollywood, John Hollis, cujo cérebro está em processo de sobreviver a seu fígado, de tal forma que terminará por se considerar comunista, a fim de salvar sua alma, pois seus outros órgãos estão demasiadamente corroídos para tentarem salvar-se. O amante, forte e de bela aparência, como um modelo de cartaz, está deitado de costas, roncando, mas Dorothy Hollis, a esposa do diretor, está acordada. Veste um quimono e, saindo para o convés, fica olhando através da água negra do ancoradouro de *yatchs* até a linha formada pelo quebra-mar. Faz frio no convés e o vento sopra seus cabelos, que ela empurra para trás, afastando-os de sua testa bronzeada. Apertando o *peignoir* ao redor do corpo, com seus mamilos erguendo-se devido ao frio, nota as luzes de um barco que se aproxima ao longo do quebra-mar. Observa-o, movendo-se firme e rapidamente; olha, em seguida, para a entrada do ancoradouro, onde o farol do barco é aceso e corta através da água, numa faixa que a cega ao passar, apanhando, em seguida, o molhe do guarda-costas, iluminando um grupo de homens que esperam, e o fundo negro e brilhante da nova ambulância do estabelecimento funerário que, nos enterros, serve também como carro fúnebre.

"Creio que seria melhor tomar um pouco de luminal" — pensa Dorothy. Preciso dormir um pouco. O pobre Eddy está bêbado como uma vaca. Isso significa tanto para ele e ele é tão agradável, mas fica tão bêbado que vai diretamente para a cama. É tão agradável. Naturalmente, se eu me tivesse casado com ele, sairia a procurar alguma outra, creio. Ele é agradável, porém. Pobre querido, está tão bêbado! Espero que se sinta num estado miserável pela manhã. Preciso ir consertar esta onda e dormir um pouco. Está infernalmente feia. Desejo parecer bonita para ele. Ele é tão agradável! Gostaria de ter trazido uma criada de quarto. Não podia porém. Nem mesmo Bates. Como estará o pobre John? Ó, ele também é tão agradável. Espero que esteja melhor. Seu pobre fígado. Gostaria que estivesse aqui para eu cuidar dele. Poderia ir dormir um pouco para não parecer um espantalho amanhã. Eddy é agradável. John também, assim como seu pobre fígado. Ó, seu pobre fígado. Eddy é agradável. Gostaria que não tivesse ficado tão bêbado. Ele é tão grande, alegre, maravilhoso e tudo o mais. Talvez não fique tão bêbado amanhã".

Ela desceu e caminhou até sua cabina, onde se sentou diante do espelho, começando a pentear o cabelo com cem escovadas. Sorriu para si própria no espelho, enquanto a escova de longos pêlos corria por seu adorável cabelo. "Eddy é agradável. Sim, é. Desejaria que não tivesse ficado tão bêbado. Todos os homens têm alguma coisa assim. Veja-se o fígado de John. Naturalmente não se pode ver o fígado de John. Deveria parecer realmente horrível. Sinto-me satisfeita por não ser possível vê-lo. Nada há, porém, no fato de um homem ser realmente feio. É engraçado como eles pensam que isso é duro. Creio que um fígado é bastante duro. Ou rins. Rins *en brochette*. Quantos rins existem? Há um par de quase tudo, com exceção do estômago e do coração. E do cérebro, naturalmente. Pronto. Cem escovadas. Gosto de escovar meu cabelo. É quase a única coisa agradável das que fazem bem à gente. Quero dizer, daquelas que a gente faz sozinha. Ó, Eddy é tão agradável! Creio que devia entrar lá. Não, ele está muito bêbado. Pobre rapaz. Tomarei o luminal."

Olhou para sua própria imagem no espelho. Era extraordinariamente bonita, com uma figura muito pequena e bela. "Ó, farei isso"! — pensou. Um pouco de luminal não é tão bom quanto um pouco do resto, mas eu ainda tomarei por algum tempo. É preciso dormir um pouco. Eu gosto de dormir. Gostaria de poder dormir um sono tão natural e real como quando criança. Creio que esse é o resultado de crescer, casar, ter crianças, beber muito e fazer todas as coisas que não se deve fazer. Se a gente pudesse dormir bem, creio que nada faria mal. A não ser beber demais, penso. Pobre John e seu fígado, e Eddy. Eddy é muito querido, de qualquer maneira. É inteligente. Farei melhor em tomar o luminal.

Fez uma careta para si própria no espelho.

— Fará melhor em tomar o luminal — disse para si mesma, cochichando.

Tomou o luminal com um copo de água da garrafa térmica de crômio-prata que estava no armário ao lado da cama.

"Deixa a gente nervosa" — pensou. "Mas a gente precisa dormir. Como seria Eddy, se fôssemos casados? Creio que estaria correndo por aí, atrás de outra mais jovem. Julgo que não podem mais do que nós evitar as coisas para que foram criados. Eu apenas quero bastante e sinto-me bem, seja algum outro e alguém novo. Isso não tem a menor importância. É aquilo mesmo que eu quero e os amaria sempre, se sempre o dessem para mim. Quero dizer, amaria sempre o mesmo. Eles porém não são feitos dessa maneira. Desejam algo de novo, alguém mais jovem, alguém que ainda não possuíram ou alguém que pareça com alguma outra. Ou, se a gente é morena, desejam uma loira. Se a gente é loira, correm atrás de alguma de cabelos vermelhos. Se a gente tem cabelos vermelhos, aparece alguma outra coisa. Uma jovem judia, por exemplo. Quando já tiveram bastante de tudo, querem uma chinesa, uma lesbiana ou Deus sabe o que. Eu não sei. Talvez apenas se cansem. Não é possível culpá-los por serem como são. Eu nada posso fazer pelo fígado de John e pelo fato de ele ficar tão bêbado que não presta para nada. Ele era bom. Era maravilhoso. Era. Era realmente. Mas Eddy é. Agora, porém, está bêbado. Creio que terminarei como uma puta. Talvez já seja uma puta. Creio que ninguém sabe quando se torna uma puta. Apenas os melhores amigos contariam. A gente não lê isso nos artigos do senhor Winchell. Seria, porém, uma boa novidade para ele anunciar. Putaria. A senhora John Hollis procura machos numa cidade do litoral. Melhor do que anunciar o nascimento de crianças. Mais comum também, creio. Muitas mulheres passam períodos maus realmente. Quanto melhor a gente trata um homem, mais a gente mostra que o ama, mais depressa ele se cansa da gente. Creio que os bons foram feitos para ter muitas esposas, mas é terrivelmente cansativo a gente tentar ter muitas esposas ao mesmo tempo. Em seguida, uma única o arrasta, quando ele se cansa disso. Creio que todas terminam sendo putas, mas de quem é a culpa? As putas divertem-se muito, mas é preciso ser realmente estúpida para ser uma boa puta. Como Helène Bradley. É preciso ser estúpida, bem intencionada e realmente egoísta. Provavelmente já sou uma puta. Dizem que a gente nunca pode dizer isso e sempre pensa que não é. Deve haver homens que não ficam cansados da gente ou daquilo. Deve haver. Mas quem os possui? Aqueles que conhecemos foram todos criados errados. Não vamos começar com isso agora. Não, não com isso. Nem vamos voltar àqueles automóveis e àqueles bailes. Desejaria que o luminal fizesse efeito. Maldito Eddy, realmente. Ele não devia mesmo ter ficado tão bêbado. Não é de fato decente. Ninguém pode impedir a maneira como são feitos, mas ficar bêbados daquela maneira não tem nada com isso. Creio que sou mesmo uma puta, mas se eu me deitar aqui, agora, durante toda a noite e não puder dormir, ficarei louca. Se tomar muito dessa coisa, sentir-me-ei terrivelmente mal amanhã durante todo o dia e, às vezes, o luminal não faz a gente dormir. De qualquer forma, ficarei rabugenta e nervosa, sentindo-me num estado terrível. Ó, bem, preciso tomar. Odeio fazer isso, mas que posso fazer? Que se pode fazer, senão continuar a tomar ainda mesmo que, de qualquer maneira que seja... Ó, ele é agradável! Não, não é. Eu sou agradável. Sim, sou adorável, sou adorável, ó, sou tão adorável, sim, tão adorável. Não quero ser, mas sou, agora sou realmente. Ele é agradável, não, não é, não está nem mesmo aqui. Eu estou aqui, sempre estou aqui, sou a única que não posso fugir, não posso, nunca. Você é agradável. Você é adorável. Sim, você é. Você é adorável, adorável, adorável. Ó, sim, adorável. E você é eu mesma. É assim. É assim que são as coisas. Assim, que importa que seja sempre agora, tudo agora. Tudo agora. Está bem. Não me importa. Que diferença faz? Não faz mal que não me sinta indisposta. E não me sinto. Sinto apenas sono e, se acordar, tomarei de novo antes de acordar inteiramente."

Foi dormir, então, tendo o cuidado, antes de adormecer finalmente, de virar-se de lado, a fim de que seu rosto não ficasse sobre o travesseiro. Lembrou-se, por mais sonolenta que estivesse, que era muito ruim para o rosto dormir daquela maneira, com o rosto descansando sobre o travesseiro.

Havia dois outros iates no porto, mas neles também todos estavam dormindo, quando o barco guarda-costas rebocou o barco de Freddie Wallace, o "Queen

Conch", para o escuro cais de iates e ancorou ao lado do molhe do guarda-costas.

Capítulo XXV

Harry Morgan não teve conhecimento de coisa alguma quando desceram uma maca do molhe e, com dois homens segurando-a no convés de cúter pintado de cinzento, sob a luz de um holofote colocado ao lado de fora da cabina do capitão, dois outros levantaram-no da cama do capitão e saíram vacilantemente para depô-lo sobre a maca. Estava inconsciente desde a noite anterior e seu corpo grande afundou profundamente a lona da maca, quando os quatro homens o ergueram para levá-lo para o molhe.

— Ergam-no agora.

— Segure suas pernas. Não o deixe escorregar.

— Levantem-no.

Depuseram a maca sobre o molhe.

— Como está ele, doutor? — perguntou o xerife, enquanto os homens empurravam a maca para dentro da ambulância.

— Está vivo — respondeu o médico. É tudo o que se pode dizer.

— Esteve delirando ou inconsciente desde que o recolhemos — explicou o ajudante do contra-mestre que comandava o barco guarda-costas.

Era um homem baixo e gordo, com óculos que brilhavam à luz do holofote. Seu rosto estava exigindo ser barbeado.

— Todos os corpos dos cubanos estão ainda na lancha — acrescentou. Não tocamos em coisa alguma. Apenas puxamos os dois que tinham ficado meio caídos para fora do barco. Tudo está exatamente como estava. O dinheiro e as armas. Tudo.

— Vamos, disse o xerife. Pode dirigir um holofote para lá?

—Já mandei colocar um no cais — disse o contra-mestre, afastando-se para ir buscar o holofote e uma corda.

— Vamos — disse o xerife.

Dirigiam-se para a popa com as lanternas.

— Desejo que me mostre exatamente como os encontrou — explicou o xerife. Onde está o dinheiro?

— Naquelas duas maletas.

— Quanto tem?

— Não sei. Abri uma delas e, vendo que continha o dinheiro, fechei-a de novo.

— Foi muito acertado — disse o xerife. Foi perfeitamente acertado.

— Tudo está exatamente como estava, menos os dois corpos que tiramos de cima dos tanques e levamos para a cabina, a fim de que não caíssem para fora. Levamos, também, aquele grande touro do Harry para bordo e deitamo-lo em minha cama. Imaginei que ele falecesse antes de chegarmos. Está mal como o diabo.

— Ele esteve inconsciente durante todo o tempo?

— Delirou a princípio — explicou o comandante. Não pudemos, porém, compreender o que dizia. Ouvimos bastante tempo, mas não tinha sentido. Em seguida, ficou inconsciente. Aí está sua exibição. Exatamente como estava, com a diferença que aquele de cara de negro, deitado de lado, encontra-se no lugar onde estava Harry. Estava no banco por cima do tanque de estibordo, pendurado sobre a braçola, enquanto o outro moreno, que se encontra a seu lado, estava no outro banco, do lado de bombordo, caído sobre o rosto. Cuidado. Não acenda fósforos. Está tudo cheio de gasolina.

— Devia haver outro corpo — disse o xerife.

— Isso é tudo o que havia. O dinheiro está naquela maleta. As armas estão exatamente onde as encontramos.

— Faríamos melhor em trazer alguém da terra para abrimos as maletas com o dinheiro — comentou o xerife.

— O.K. — disse o comandante. É uma boa idéia.

— Podemos levar a maleta para meu escritório e lacrá-la.

— É uma boa idéia — disse o comandante.

Sob a luz do holofote, a pintura verde e branca da lancha tinha uma aparência nova e brilhante. Isso era causado pelo orvalho no convés e, em cima da cabina. Os lugares lascados mostravam-se claramente em sua pintura branca. Na popa, a água apresentava-se verde sob a luz e havia pequenos peixes em torno dos pilares.

Na cabina de comando, os rostos inchados dos homens mortos brilhavam sob a luz, cobertos por um verniz marrom nos lugares onde o sangue secara. Havia na cabina cartuchos vazios de calibe 45 ao redor dos mortos e a metralhadora "Thompson" estava caída na popa, onde Harry a abandonara. As duas maletas de couro em que os homens tinham trazido o dinheiro para bordo estavam encostadas em um dos tanques de gasolina.

— Pensei que, talvez, devesse levar o dinheiro para bordo, enquanto estávamos rebocando o barco — disse o comandante. Achei melhor depois deixar tudo exatamente como estava, enquanto o tempo estivesse bom.

— Foi acertado deixar assim — aproximou o xerife. Para onde foi o outro homem, Albert Tracy, o pescador?

— Não sei. Tudo está como estava, a não ser pelo fato de termos removido aqueles dois — disse o comandante. Todos estão despedaçados pelos tiros, com exceção daquele que está deitado de costas sob o leme. Ele foi atirado na cabeça, por trás. A bala saiu pela frente. Pode ver o que ela fez.

— Aquele é o que parecia um rapazinho — comentou o xerife.

— Agora não se parece com coisa alguma, disse o comandante.

— Aquele grande é o que tinha a sub-metralhadora e matou o advogado Robert Simmons — explicou o xerife.

Que acha que aconteceu? Como diabo foram todos baleados?

— Devem ter brigado entre si — disse o comandante. Devem ter tido uma briga sobre a maneira de dividir o dinheiro.

— Vamos cobri-los até o amanhecer — disse o xerife. Levarei aquelas maletas.

Enquanto se encontravam em pé na cabina de comando, uma mulher chegou correndo até o molhe, passando pelo cúter do guarda-costas. Atrás dela, vinha a multidão. Era uma mulher magra, de meia-idade. Tinha a cabeça descoberta e seu cabelo fibroso havia-se desgrenhado, caindo, agora, até o pescoço, embora ainda estivesse amarrado na ponta. Quando viu os corpos na cabina de comando, começou a gritar. Permaneceu em pé no molhe, gritando, com a cabeça caída para trás, enquanto duas outras mulheres seguravam seus braços. A multidão, que havia chegado até bem por trás da mulher, formou-se, então, a seu redor, acotovelando-se e olhando para a lancha.

— Maldição! — exclamou o xerife. Quem deixou aberto o portão? Arranje alguma coisa para cobrir esses corpos: cobertores, lençóis, qualquer coisa. E vamos fazer aquela gente sair dali.

A mulher parou de gritar e olhou para a lancha. Em seguida, lançou a cabeça para trás e começou a gritar de novo.

— Onde o puseram? — perguntou uma das mulheres que estavam a seu lado.

— Onde puseram Albert?

A mulher, que estava gritando, silenciou e tornou a olhar para a lancha.

— Ele não está lá — disse ela.

— Hei, você, Roger Johnson! — gritou ela para o xerife. Onde está Albert? Onde está Albert?

— Não está a bordo, senhora Tracy — respondeu o xerife.

A mulher tornou a lançar a cabeça para trás e começou a gritar, com as cordas de sua garganta magra rígidas, suas mãos cerradas e seu cabelo agitando-se no ar.

No fundo da multidão, havia pessoas empurrando e acotovelando-se para chegar até a frente da doca.

— Vamos. Deixem também os outros verem.

— Vão cobri-los.

Em espanhol, alguém gritou:

— Deixem-me passar. Deixem-me ver. *Hay cuatro muertos. Todos son muertos.* Deixem-me ver.

A mulher gritava agora:

— Albert! Albert! Ó, meu Deus! Onde está Albert!

No fundo, dois jovens cubanos que acabavam de chegar e não tinham conseguido penetrar na multidão, recuaram um pouco e, em seguida, correram e, juntos deram um empurrão para frente. A linha fronteira da multidão vacilou e desaprumou-se. Em meio a um grito, a senhora Tracy e as duas mulheres que a apoiavam inclinaram-se para diante, mantiveram-se inclinadas para frente num desesperado equilíbrio e, enquanto as duas outras mulheres procuravam selvagemente manter-se em segurança, a senhora Tracy, ainda gritando, caiu na água verde. O ruído do grito transformou-se num baque e um borbulhar.

Dois homens do guarda-costas mergulharam na água verde em que a senhora Tracy debatia-se, à luz do holofote. O xerife inclinou-se sobre a popa e lançou um gancho do barco para a mulher que finalmente, empurrada de baixo pelos dois homens do guarda-costas, subiu para bordo com o auxílio do xerife e abrigou-se na popa da lancha. Ninguém na multidão fizera qualquer movimento para auxiliá-la e, enquanto permanecia gotejante na popa, olhou para o molhe, sacudiu ambos os punhos e gritou:

— Bastardos! Putas!

Olhando, então para a cabina, gemeu:

— Albert. Onde está Albert!

— Não está a bordo, senhora Tracy — disse o xerife, apanhando um cobertor para pôr sobre o corpo da mulher.

— Tente acalmar-se, senhora Tracy. Tente ser corajosa, acrescentou.

— Minha medalha — disse a senhora Tracy, em tom trágico. Perdi minha medalha.

— Mergulharemos pela manhã — disse o comandante do *cutter* do guarda-costas. Não tenha dúvida de que o encontraremos.

Os dois homens do guarda-costas haviam subido para a popa e lá estavam em pé, gotejantes.

— Vamos — disse um deles. Vamos.Estou ficando resfriado.

— Está sentindo-se bem, senhora Tracy? — perguntou o xerife envolvendo-a com o cobertor.

— Bem? — retrucou a senhora Tracy. Bem?

Cerrou ambos os punhos, lançou a cabeça para trás e gritou de verdade. O pesar da senhora Tracy era maior do que podia suportar.

A multidão ouviu-a, permanecendo silenciosa e respeitosa. A senhora Tracy forneceu exatamente o efeito de som necessário para combinar com a visão dos bandidos mortos, que estavam sendo, agora, cobertos com cobertores do guarda-costas pelo xerife e um dos policiais, velando, assim, uma das maiores cenas que a cidade pudera ver desde quando o "Isleño" havia sido linchado, anos antes, na estrada do Condado e pendurado, em seguida, num poste telefônico, onde ficou balançando à luz dos faróis de todos os carros que tinham vindo assistir ao espetáculo.

A multidão ficou desapontada quando os corpos foram cobertos. Mas, de toda a gente da cidade apenas os que ali estavam tinham visto os mortos. Tinham visto a

200

senhora Tracy cair à água e, antes de entrarem tinham visto Harry Morgan ser levado numa maca para o Hospital Naval. Quando o xerife ordenou-lhe que saíssem da doca dos iates, afastaram-se silenciosos e felizes. Sabiam como haviam sido privilegiados.

Enquanto isso, no Hospital Naval, a esposa de Harry Morgan, Marie, e suas três filhas esperavam num banco da sala de espera. As três meninas choravam e Marie mordia um lenço. Não pudera chorar desde quase meio-dia.

— Papai foi baleado no estômago — disse uma das meninas para outra.

— É terrível — respondeu a irmã.

— Fiquem quietas — ordenou a irmã mais velha. Estou rezando por ele. Não me interrompam.

Marie nada disse e permaneceu sentada, mordendo o lenço e o lábio inferior.

Depois de algum tempo, entrou o médico. Marie olhou para ele, que sacudiu a cabeça.

— Posso entrar? — perguntou ela.

— Ainda não — respondeu o médico.

Dirigindo-se para o médico, Marie perguntou:

— Ele morreu?

— Temo que sim, senhora Morgan.

— Posso ir vê-lo?

— Ainda não. Ele está na sala de operação.

— Ó Cristo! — exclamou Marie. Ó Cristo! Vou levar as meninas para casa. Voltarei depois.

— Sua garganta ficou de repente tão inchada e fechada, que não lhe era mais possível engolir.

— Vamos, meninas — disse.

As três meninas seguiram-na até o velho carro. Marie entrou, sentou-se no banco do motorista e fez funcionar o motor.

— Como está papai? — perguntou uma das meninas?

Marie não respondeu.

— Como está papai, mamãe?

— Não falem comigo — disse Marie. Não falem comigo.

— Mas...

— Cale a boca, querida — disse Marie. Cale a boca apenas e reze por ele.

As meninas começaram a chorar.

— Diabo! — exclamou Marie. Não chorem desse jeito! Disse para rezarem por ele.

— Rezaremos — disse uma das meninas. Eu não parei de rezar desde que estávamos no hospital.

Quando entraram no coral branco e gasto da Rocky Road, o farol do carro mostrou um homem caminhando cambaleante.

— Algum pobre bêbado — pensou Marie. Algum pobre bêbado desgraçado.

Passaram pelo homem que tinha sangue no rosto e continuou a caminhar cambaleante no escuro, depois que as luzes do carro afastaram-se rua acima. Era Richard Gordon, que se dirigia para casa.

Na porta da casa, Marie parou o carro.

— Vão para a cama, meninas — disse. Vão para a cama.

— Mas, e papai? — perguntou uma das meninas.

— Não falem comigo — disse Marie. Pelo amor de Deus, por favor, não falem comigo.

Virou o carro na rua e partiu de volta para o hospital.

No hospital, Marie Morgan subiu a escada correndo. O médico encontrou-a no pórtico, quando saiu pela porta corrediça. Estava cansado e ia para casa.

— Ele morreu, senhora Morgan — disse o médico.

— Está morto?

— Morreu na mesa.

— Posso vê-lo?

— Pode — disse o médico. Morreu com muita paz, senhora Morgan. Não sentiu dor alguma.

— Ó, diabo! — exclamou Marie, por cujas faces começaram a correr lágrimas.

— Ó — repetiu — Ó, Ó,Ó!

O médico colocou a mão em seu ombro.

— Não me toque — disse Marie. Quero vê-lo.

— Vamos — disse o médico.

Caminhou com ela pelo corredor e entrou na sala branca onde Harry Morgan jazia sobre uma mesa de rodas, com um lençol por cima de seu grande corpo. A luz era muito forte e não deixava sombra alguma na sala. Marie permaneceu na porta, olhando aterrorizada ao lado da luz.

— Ele nada sofreu, senhora Morgan — disse o médico.

Marie não parecia ouvi-lo.

— Ó Cristo! — exclamou ela, começando a chorar de novo. Vejam seu maldito rosto.

Capítulo XXVI

"Eu não sei" — pensava Marie Morgan, sentada à mesa da sala de jantar. "Posso fazer apenas um dia em certa época e uma noite em outra época, tornando-se, às vezes, diferente. São as malditas noites. Se me preocupasse com aqueles meninas, seria diferente. Mas não me preocupo com elas. No entanto, preciso fazer alguma coisa por elas. Preciso começar com alguma coisa. Talvez a gente comece a ficar morta por dentro. Creio que não faz diferença alguma. Preciso de qualquer forma começar com alguma coisa. Hoje faz uma semana. Temo que, pensando nele de propósito, fique de tal forma que não possa lembrar sua aparência. Isso aconteceu quando me senti tomada por terrível pânico, quando não pude recordar sua fisionomia. Preciso começar com alguma coisa, por pior que me sinta. Se ele tivesse deixado algum dinheiro ou houvessem pago algum prêmio, seria melhor, mas eu não me sentiria melhor. Em primeiro lugar, tenho de tentar vender a casa. Aqueles bastardos que o balearam. Ó, os bastardos sujos! É somente isso que sinto. Ódio e uma sensação de vazio. Estou tão vazia quanto uma casa vazia. Bem, preciso começar com alguma coisa. Eu deveria ter ido ao enterro. Não podia ir, no entanto. Preciso, porém, começar com alguma coisa agora. Ninguém vai voltar mais, depois de ter morrido.

Como ele era valente, forte e rápido, como uma espécie qualquer de animal caro! Eu me sentia tão bem somente em olhar para ele quando se movia. Ele começou a ter falta de sorte pela primeira vez em Cuba. Em seguida, foi indo cada vez pior, até que um cubano o matou.

Os cubanos não dão sorte para os "conchs". Os cubanos dão má sorte para qualquer pessoa! Existem também muitos negros em Cuba. Lembro-me da primeira vez que ele me levou a Havana, quando estava ganhando bom dinheiro. Estávamos passeando por um parque e um negro disse-me qualquer coisa. Harry espancou-o e apanhando seu chapéu de palha, que havia caído, jogou-o a cerca de meio quarteirão de distância, onde um táxi passou sobre ele. Ri tanto, que minha barriga chegou a doer.

Foi aquela primeira vez que tingi de loiro meu cabelo, naquele instituto de beleza no Prado. Trabalharam nele durante toda a tarde e era tão preto, que não queriam fazer o serviço. Fiquei com medo de adquirir uma aparência horrível, mas insisti em pedir-lhe para ver se não podiam fazê-lo ficar um pouco mais claro. O homem começou, então, a passar aquele espinho de laranjeira com algodão na ponta, mergulhando numa tigela que tinha um material como que fumacento, pois soltava vapor, e o pente; separava os fios com uma ponta do espinho de laranjeira e com o pente, deixando-o em seguida secar. Eu permanecia sentada com um temor dentro do peito pelo que estava fazendo. E tudo que eu havia dito era para ver se não podiam torná-lo um pouco mais claro.

Finalmente ele disse: Isso é o mais claro que o posso tornar com segurança, madame. Em seguida, lavou-me a

204

cabeça e eu fiz uma onda. Sentia medo até de olhar, pensando que poderia estar horrível. Dividiu-o, porém, de um lado, deixou alto atrás da orelha, com pequenos cachos atrás e, como estava ainda úmido, eu não podia dizer como parecia, a não ser que parecia todo mudado e dava-me a impressão de ser estranha a mim mesma. Colocou uma rede por cima, enquanto estava molhado, e pôs-me por baixo de um secador. Durante todo o tempo eu me sentia muito assustada. Quando saí do secador, tirou a rede e os alfinetes, penteou-o e eu verifiquei que estava como ouro.

Saí do estabelecimento e olhei-me num espelho. Brilhava extraordinariamente ao sol e parecia macio e sedoso quando pus a mão e toquei-o. Eu não podia acreditar que fosse eu mesma e estava tão excitada que me sentia chocada.

Desci pelo Prado até o café onde Harry estava me esperando. Eu me sentia muito excitada por dentro, com uma espécie de vertigem. Harry levantou-se quando me viu e não tirou os olhos de mim. Sua voz era espessa e engraçada quando disse:

— Jesus, Marie! Como está bonita!

E eu disse:

— Gosta de mim loira?

— Não fale nisso — respondeu-me. Vamos para o hotel.

— O.K., então vamos — disse eu, que tinha então vinte e seis anos.

Ele era sempre assim para comigo e eu era sempre assim para com ele. Dizia-me que nunca tivera coisa alguma como eu e eu sabia que não havia homem como ele. Sabia disso muito bem e agora ele está morto.

Agora, tenho de começar com alguma coisa. Sei que preciso fazer isso. Quando, porém, a gente teve um homem como aquele e um cubano piolhento o matou, não é possível começar assim de repente, porque tudo que havia dentro da gente desapareceu. Não sei o que fazer.

205

Não é o mesmo que quando ele estava fora, fazendo viagens. Naquelas ocasiões, ele sempre voltava, mas agora, preciso continuar durante todo o resto de minha vida. E agora estou grande, feia e velha, e não o tenho mais aqui para me dizer que não estou. Precisarei, agora, pagar um homem para fazer comigo, creio, e depois não o desejarei. Assim é que tem de ser agora. É assim mesmo que tem de ser.

Ele era tão infernalmente bom para comigo e também tão digno de confiança. Sempre tinha dinheiro de alguma maneira e eu nunca precisava preocupar-me com dinheiro, mas apenas com ele. Agora, porém, tudo acabou.

Não se trata do que acontece a quem é morto. Eu não me importaria se tivesse sido morta. No fim, Harry apenas estava cansado, pelo que disse o médico. Não chegou nem mesmo a acordar. Fiquei satisfeita por ele ter morrido suavemente, porque, Jesus Cristo, como deve ter sofrido naquele barco. Será que pensou em mim ou no que terá pensado? Creio que, nesse caso, a gente não pensa muito em ninguém. Imagino que deve ter doído muito. No fim, porém, ele estava apenas cansado. Por Cristo, desejaria que fosse eu quem estivesse morta. Não adianta nada, porém, desejar isso. De nada adianta desejar coisa alguma.

Eu não poderia ter ido ao enterro. As pessoas, porém, não compreendem isso. Não sabem como a gente se sente sente. Porque os homens bons são raros. As outras nunca os tiveram. Ninguém sabe como a gente se sente, porque não sabem nada sobre como são as coisas nesse caso. Eu sei. Eu sei muito bem. E se eu ainda viver vinte anos, que irei fazer? Ninguém me dirá o que devo fazer e nada existe a fazer, senão aceitar as coisas como acontecerem todo dia e apenas começar imediatamente com qualquer coisa. Isso é o que preciso fazer. Mas, Jesus Cristo, desejaria saber o que se pode fazer durante a noite.

Como é possível passar as noites quando a gente não pode dormir? Imagino que a gente descobre o que acontece e, como se sente a gente ao perder o marido. Creio que a gente descobre mesmo. Imagino que se descobre tudo nesta vida maldita. Creio mesmo nisso. Creio que estou provavelmente descobrindo isso ainda agora. Basta apenas a gente ficar morta por dentro e tudo se torna fácil. Basta ficar morta como a maioria das pessoas é na maior parte do tempo. Imagino que é exatamente assim. Creio que é isso mesmo que acontece com a gente. Bem, eu já tenho um bom princípio. Já tenho um bom princípio, se isso é o que se tem a fazer. Creio que é. Creio que foi a isso que cheguei. Pois bem. Então, eu já tenho um bom princípio. Estou agora muito à frente de toda gente."

Fora, era um adorável e frio dia de inverno subtropical e as folhas das palmeiras agitavam-se sob o ligeiro vento do norte. Algumas pessoas passeavam em bicicleta diante da casa. Estavam rindo. No grande quintal da casa, do outro lado da rua, um pavão soltou um grito áspero.

Atráves da janela, podia-se ver o mar, que parecia duro, novo e azul sob a luz do inverno.

Um grande iate branco estava entrando no porto e sete milhas além, no horizonte, via-se um petroleiro pequeno e elegante, como o perfil voltado contra o mar azul, bordejando os recifes enquanto navegava para oeste, a fim de não desperdiçar combustível contra a corrente.

A presente edição de UMA AVENTURA NA
MARTINICA de Ernest Hemingway é o volume número 47 da coleção Rosa dos Ventos. Desenho da
capa Cláudio Martins. Impressa na Líthera Maciel
Editora e Gráfica Ltda., à rua Simão Antônio 1.070 -
Contagem, para a Editora Itatiaia, à Rua São Geraldo, 67 - Belo Horizonte - MG. No catálogo geral leva
o número 00745/5B. ISBN 85-319-0440-4.